나만 알고 싶은
완벽한 기억법

도미니크 오브라이언 지음 | 김성준 옮김

You Can Have an Amazing Memory
by Dominic O'Brien

반복도 필기도 필요 없는 기억력 트레이닝

나만 알고 싶은 완벽한 기억법

AMAZING MEMORY

도미니크 오브라이언 지음 | 김성준 옮김

팬덤북스

마음은 여행 가방과 같다.
짐을 잘 꾸리면 거의 모든 것을 담을 수 있지만,
잘못 꾸리면 있으나마나다.

–

《진리의 추측》,
오거스터스 윌리엄 헤어 & 줄리어스 찰스 헤어, 1827

PROLOGUE

기억력 챔피언의 비밀

어린 시절, 나는 난독증 진단을 받았다. 담임 선생님은 그런 나를 두고 인생에서 많은 일을 이루지 못할 것이라고 말했다. 사실 학창 시절 내내 나에 대해 희망적으로 생각한 사람은 없었다. 당연히 내가 이른바 '엄청난 지능'으로 기네스북에 오르거나 세계 기억력 챔피언이 되리라고는 아무도 생각하지 못했을 것이다그것도 한 번이 아니라 여덟 번 넘게 말이다!. 다음은 내가 열 살 때 학교 성적표에 기록된 선생님들의 의견 중 일부다. 내게는 정말 속상한 기록들이다.

'도미니크는 계산을 하다가도 몽상에 빠져 생각의 고리를 놓쳐버립니다.'

'도미니크는 집중을 잘 못합니다. 이 아이는 지구보다는 우주에 대해 더 많은 지식을 가진 듯 보이는군요.'

'학습 속도가 지나치게 느리고 질문이 무엇이었는지 기억 못하는 경우가 잦습니다. 더욱 집중해야 합니다.'

'도미니크가 진정으로 정신을 차려 학습에 열중하지 않는다면 평생 어떠한 성공도 이루지 못할 겁니다. 정말 끔찍할 정도로 느려요.'

가혹하게 들릴지 모르나, 이들의 말은 어린 시절 내 마음의 상태를 상당히 정확하게 묘사하고 있다. 어린 나에게 뇌는 영원히 이완된 근육처럼 느껴졌다. 선생님들은 그 점을 잘 알고 있었고, 그런 나에게 지속적으로 좌절했다.

당시 교사들은 지금처럼 정해진 행동 수칙을 따르지 않았다. 심지어 어떤 선생님은 나에게 가혹한 행위도 서슴지 않았다. 나를 흔들고 소리를 질렀으며, 친구들 앞에서 창피를 주는 행동을 일삼곤 했다. 어쩌면 그는 나의 명백한 '망연자실한 상태'에서 나를 서둘러 꺼내주고 싶었는지도 모르겠다.

나는 학교에 가는 일이 엄청난 스트레스였다. 완전히 겁에 질렸고, 열한 살이 되자 남아 있던 자존감마저 모두 잃어버렸다. 안타깝지만 가능한 한 빨리 교문을 벗어나는 순간이야말로 인생에서 가장 행복한 때가 아닐까 생각했다.

그로부터 15년 가까운 세월이 지난 후, 스스로 카드 한 벌을 암기하는 법을 익혔다. 비록 그때의 느낌을 자세히 설명할 수는 없지만, 그것은 정신적인 '기민함'이라는 놀라운 능력의 성취이자 나 자신에 대한 극복을 의미했다. 그것은 어린 시절 받은 모든 학대와 부당한 대우, 부정적인 의견들을 무색하게 만들었다.

어느 순간부터 나는 주변 사람들의 예상과 달리, 내가 아주 작은 일만 성취할 운명을 갖고 태어나지 않았다고 생각하기 시작했다. '스스로 카드 한 벌을 마스터할 수 있다면 그 외에 또 다른 일도 해낼 수 있지 않을까?'라고 생각하게 된 것이다. 느리지만 명확하게 놀라운 기억력을 만들 수 있다는 새로운 암시로 인해, 나는 자신감과 믿음, 앞으로 펼쳐질 무한한 기회를 가질 수 있었다.

지난날 다소 나약했던 내 머릿속 기억력과 관련된 근육들은 지금까지 여러 단계를 거쳐 발전해왔다. 나의 기억력은 25년간의 엄격한 훈련 덕분에 찬란하게 빛을 발하고 있으며, 이 점이 대단히 자랑스럽다. 학창 시절에 이런 '기억의 기술'을 발견하고 실천하지 못한 것은 참으로 애석한 일이다.

나는 이 책을 통해 당신이 혼자서는 해낼 수 없다고 믿었던 빠른 두뇌 회전 방법을 알려주고자 한다. 아울러 지금의 나처럼 자신감 넘치고 엄청난 추진력을 얻는 기억력 훈련법 또한 소개하려 한다. 기억력에 어떤 잠재력이 있는지 스스로 깨닫는다면, 당신은 곧 지능의 다른 측면인 집중력과 빠른 속도로 생각을 이끌어내는 유동성 지능에 그 잠재력을 적용할 수 있을 것이다. 이에 따라 해설자나 강연자로서의 자신감을 얻는 것은 물론이요, 낯선 모임에 갑자기 참여하더라도 오랫동안 그곳에 소속되었던 사람인 양 긴밀한 상호작용을 하면서 일을 처리할 수 있을 것이다.

지금부터 나는 내 긴 여정을 따라 당신을 인도할 예정이다. 그

길에는 지금의 내가 있기까지 이끌어준 여러 단계를 포함해 그동안 잘 알려지지 않았던 새로운 방법들이 놓여 있다. 그것들이 당신만의 놀라운 기억력을 찾는 도구로써의 역할을 수행하기를 기대한다. 지금까지의 나처럼 당신도 이 여정을 재미있게 즐겨주기 바란다.

도미니크 오브라이언

이 책 사용법

기억력 향상을 위한 다른 안내서들과 달리, 이 책은 기억 기법들에 대한 포괄적인 내용은 다루지 않는다. 대신 인간의 두뇌가 어떻게 작용하는지, 그리고 기억력의 힘을 찾아가는 나만의 여정을 공개하려고 한다.

나는 세계 기억력 챔피언십에서 여덟 차례 우승했다. 이는 여러 번의 시행착오와 인내, 헌신을 통해 거의 완벽한 기억력을 만들어 준 독특한 기법들을 발견했기에 가능했다. 이 책은 내가 아는 방법들 중 효과를 본 기법들을 독자들과 공유하기 위한 나만의 방식을 담고 있다.

책을 잘 활용하기 위해서는 무작위로 아무 AMAZING MEMORY나 골라 읽는 것을 지양해야 한다. 전반부의 각 AMAZING MEMORY들은 앞서 다룬 내용들을 토대로 구성된다. 순서대로 읽지 않으면 일부 기법이나 세부적인 내용을 이해하기 어려울 수 있다. 후반부에서는 집중적인 훈련법으로, 일상생활에서 적용해볼 수 있는 다양한 방법들이 소개되며, 정신뿐 아니라 신체의 건강을 유지하기 위한 조언들 또한 제시한다건강은 기억력 훈련에서 중요한 측면이다.

책을 통해 습득한 기술이 제대로 효과를 발휘하기까지 얼마의 시간이 걸릴지 궁금할 것이다. 안타깝게도 구체적인 가이드라인은 없다. 어떤 기술은 즉시 효과를 나타내는 반면, 어떤 기술은 더 많은 연습을 요하기 때문이다. 결과적으로 가장 중요한 것은 포기하지 않는 마음가짐이다.

기억 훈련을 하는 동안 이전 단계의 내용들을 완전히 이해하고, 또 자신감이 생기기 전까지는 새로운 기술과 도전으로 넘어가지 않기를 당부하고 싶다. 예를 들어, 20장 이상의 카드를 단 한 번의 실수도 없이 암기하기도 전에 전체 카드를 외우기란 무리다. 너무 많은 양을 지나치게 빨리 암기하려고 한다면? 좌절만 경험해 자신에게 찾아온 좋은 기회를 포기할 가능성이 크다.

또 하나 중요한 점은 책을 통해 기술을 익혀 가는 동안 부단히 연습해야 한다는 것이다. 원한다면 매일 정해진 시간을 할애하여 카드나 숫자를 암기할 수도 있다. 하지만 사실 우리의 일상생활 속에는 시간을 따로 마련하지 않아도 연습 시간을 확보할 기회가 많이 있다. 이에 대해서는 뒤에서 다루기로 한다.

이 책에는 총 15가지의 훈련법MEMORY TRAINING이 실려 있다. 그중 처음과 마지막은 테스트로, 점수를 통해 자신의 기억력이 얼마나 향상되었는지 확인할 수 있다. 나머지 13가지 훈련법은 기억 훈련의 구체적인 내용들과 관련되어 있다. 이들은 기술을 연습하거나,

기억력을 개발하기 위해 특정 도전 과제들을 반복해서 연습하게 할 촉진제 역할을 할 것이다. 더불어 몇몇 훈련법에는 시간 제한이 있는데, 이때에는 자명종 시계보다 주어진 시간이 경과하면 소리가 울리는 타이머를 이용할 것을 추천한다.

무엇보다 열린 마음을 가지려는 노력이 중요하다. 성공은 믿음에서 비롯된다. 기술에 대한 설명을 읽어 보고 긍정적인 마음으로 연습에 임하라. 행운을 빈다!

♥♣ CONTENTS ♠♦

♥♣ CONTENTS ♠♦

CHAPTER 03.
누구보다 '완벽한 기억력'을 갖고 싶다면

CHAPTER 04.
일상생활에서 당신을 성장하게 하는 '완벽한 기억법'

CHAPTER 01.

완벽한 기억력은 ‘암기’가 아니라 ‘연상’과 ‘이야기’로 통한다

AMAZING MEMORY 01

당신의 뇌와 당신의 기억력

인간의 뇌는 좌측과 우측, 두 개의 반구로 구성되어 있으며 오늘날 우리는 좌반구가 신체의 오른쪽을, 우반구가 왼쪽을 관할한다는 사실을 일반적인 사실로 받아들이고 있다. 나의 경우, 테스트를 거쳐 '우뇌 우성'이라는 결과를 받은 바 있는데 이는 내가 대부분의 활동을 왼손으로 한다는 의미이다. 나는 왼손을 사용해 글을 쓰고, 물건을 던지고, 왼발로 공을 찬다학교 축구팀에서 좌측 공격수였다. 그런데 뇌의 반구들은 정확히 어떻게 작동하고, 어떤 원리로 그렇게 간단히 작동하는 것일까?

뇌의 좌우 반구가 지닌 기능에 관한 이론들은 끊임없이 변화해왔다. 1981년 노벨위원회는 '분리 뇌뇌의 좌반구와 우반구를 서로 연결하는 역할을 하는 뇌량을 임의로 잘라 좌뇌와 우뇌를 분리한 상태. 과거에는 간질 환자의 치료를 위해 뇌량을 자르기도 했다-옮긴이' 연구의 업적과 관련해 신경심리학자 로저 스페리에게 많은 사람이 선망하는 노벨 의학상을 수여했다. 스페리는 연구에서 뇌의 각 반구가 특정 기능을 담당한다는 사실을 보여주었다. 과연 어느 쪽이 어떤 역할을 하는 것일까?

1980년대 이래로 학자들은 좌반구가 순서, 논리, 언어, 분석, 산술 등에 관여하고 우반구는 상상력, 색상, 리듬, 차원, 공간 인식 등과 관련되어 있다는 데 합의해왔다. 그러나 최근 연구는 그런 구별이 뚜렷하지 않을 수도 있다는 사실을 보여준다. 현대 심리학자들은 두 반구가 해당 기능들 모두에 관여한다고 믿는다. 그들의 주장에 따르면 양쪽 반구들은 단지 서로 다른 방식으로 기능을 처리할 뿐이다. 그들은 좌반구가 좀 더 세부적인 사항에 관여하는 반면, 우반구는 더 큰 그림을 구상한다고 생각한다.

우리가 언어를 저장하고 이해하는 방식이 좋은 사례다. 좌뇌는 단어를 저장하고 단어의 순서를 정하는 역할을 하는 반면, 우뇌는 억양이나 유머 같은, 사람의 말투로 유발된 단어의 의미를 해석하는 방식에 영향을 준다. 영어 "Get out of here"화가 났을 때는 뜻 그대로 '여기에서 나가라'는 말이 되지만, 부정적 감정 없이 놀라움을 표현할 때는 '설마' '그럴 리가' 같은 의미-옮긴이이라는 구문을 예로 들어보자. 누군가가 당신에게 즐겁고 상냥한 억양으로 말한다면 이는 놀라움이나 의심의 표현일 것이다. 그런데 당신이 글자 그대로 자리에서 일어나 '나가버린다'면? 그것은 곧 우뇌 기능의 일시적인 하락을 의미하는 행동이 될 것이다. 문자 그대로의 지시사항을 받아들이는 것은 바로 좌뇌의 특성이기 때문이다. 유머 감각이 거의 또는 아예 없는 좌뇌와는 달리, 우뇌는 보다 폭넓고 문자와는 관련이 적은 관점들을 다루며, 좌뇌가 어떤 세부적인 사항들에 집중해야 할지를 결정하는 역할을 한다.

기억력 훈련은 뇌의 좌우 반구를 효과적으로 협력하게 만드는 과정이다. 나는 그 과정이 완벽해지는 법을 알려주고자 한다. 그 방법은 우리가 가지고 있는 풍부한 상상력과 다양한 색채, 유머러스한 이미지우뇌 성향에 논리적인 순서와 사고좌뇌 성향를 접목할 수 있도록 도와준다. 무엇보다 주목해야 할 사실은, 그 과정을 거치는 동안 스스로가 열심히 노력하고 있다고 느끼지 못할 것이란 점이다. 약간의 연습만으로도 좌우 반구가 조화를 이루며 자연스럽게 능력을 발휘할 것이고, 이에 당신은 기억력이 나날이 향상되고 강력해지는 느낌을 받게 될 것이다.

♥♣♠♦

우뇌지향

학창 시절, 나는 수업 시간 내내 창밖을 바라보며 어딘가 다른 장소에 있었으면 좋겠다고 생각하거나 선생님의 얼굴을 멍하니 바라보기만 할 뿐 실제로는 수업에 전혀 귀를 기울이지 않았다. 학교에서 지내는 대부분의 시간 동안 나는 공상에 빠져 있었다. 지금의 나를 아는 사람들은 그 공상이 어느 정도 기본 논리를 갖춘 환상적인 이야기였으리라 여길지도 모르겠다. 하지만 전혀 그렇지 않았다. 그 공상들은 우연히 떠오른 멍한 생각일 뿐이었다.

나는 갑작스레 경로를 이탈한 내 마음이 공상의 줄거리를 제멋대로 바꾸도록 내버려두었다. 지금도 그때를 떠올려보면, 나의 좌뇌가 필요한 때 세부적인 내용들을 제대로 처리할 능력이 있었는지 의문스럽다. 당시에는 통제를 벗어난 나의 우뇌가 자유롭게 방황하기 일쑤였기 때문이다. 비록 학창 시절에는 '재앙'이었다 해도, 모든 관점에서 사물을 보는 나의 능력이 기억력 훈련에서 없어서는 안 될 '창조성'을 해방시켜주었다고 믿는다.

♥♣♠♦

현재 당신의 기억력은?

이 책을 통해 기술을 습득함으로써 자신이 얼마나 발전하고 있는지 확인하려면 출발점이 어디인지 알아야 한다. 이를 위해 다음 페이지에 현재의 기억력 사용량을 측정할 두 가지 기준 테스트를 준비했다.

사람은 단기 기억으로 7~9개 정도의 정보만을 기억한다. 지역 번호를 제외하고 여섯 자리나 일곱 자리의 전화번호가 사용되는 이유다. 기계적인 암기인 반복 학습은 기억에 무언가를 저장하기 위한 최선의 방법이 아니다. 따라서 다른 적절한 전략을 활용해야 최상의 테스트 결과를 가져올 수 있다.

이어지는 두 가지 테스트는 다소 어렵게 느껴질 수도 있다. 아직 당신에게 기억력 향상을 위한 어떤 기술도 전수해주지 않았기 때문이다. 하나 혹은 두 테스트 모두에서 점수가 지나치게 낮게 나왔다고 실망하거나 자신을 몰아붙여서는 안 된다. 일단 현재 자신의 점수를 기록해두자. 그리고 책을 다 읽은 뒤, 암기 기술 사용에 어느 정도 자신감이 생겼을 때, 마지막에 나오는 비교 테스트를 해보기 바란다.

기억력을 활용해온 나의 오랜 경험과 기법들, 또 그것들을 바탕으로 갈고닦은 또 다른 기술들을 통해, 당신의 진정한 잠재력에 더욱 가까이 다가가기를 바란다. 나를 포함해 내가 지도하고 도와준 사람들 모두가 기억력의 잠재력이 무한하다는 사실을 스스로 깨달았다는 점을 명심하자!

MEMORY TRAINING
01

내 기억력의 기준치 파악하기

다음 두 가지 테스트는 책에서 제시하는 기술을 배우면서 스스로의 진행 상황을 파악할 기준이 되는 기억력 데이터를 제공한다. 시간은 각 테스트마다 3분. 암기를 진행하는 동안 반복해서 남은 시간을 확인하기보다 타이머의 알람 기능을 설정해두는 것이 좋다. 채점 방법은 각각의 테스트 뒤에 적혀 있다.

테스트1 : 3분 단어 암기

다음 단어들을 올바른 순서대로(왼쪽의 첫 번째 열에서 시작해 아래쪽으로) 정확히 암기한다. 3분의 시간이 주어지며, 3분이 지나면 필요한 만큼 시간을 들여 외운 단어를 적는다. 슬쩍 엿보는 행동을 해서는 안 된다!

바이올린	관현악단	연필
기사	청어	우표
가방	파일	무지개
목걸이	창문	양탄자
눈덩이	탁자	복숭아
아기	주름	코르크
마스크	공	행성
장미꽃	사진	잡지
첨탑	코끼리	금
생강	트로피	손목시계

채점

단어가 올바른 순서일 경우 단어 하나당 1점을 얻는다. 위치를 틀리면(단어를 놓쳤거나 잘못된 위치로 암기했을 때) 1점씩 깎는다. 두 단어의 순서를 바꾸어 적으면 2점을 감점하지만 이어지는 다음 단어가 정확하다면 점수가 다시 더해지기 시작한다. 10~14세 학생의 평균 점수는 9.5점이며 성인의 경우, 이보다 약간 높은 점수가 나올 것으로 예측된다.

테스트2: 3분 숫자 암기

왼쪽에서 오른쪽으로 숫자를 암기한다. 암기에 3분이 주어지며, 시간이 다 되면 필요한 만큼 시간을 들여 외운 숫자를 적는다. 이전과 마찬가지로 엿보는 것은 허용되지 않는다!

1 7 1 8 9 4 6 4 3 9

2 5 3 7 3 2 4 8 5 6

4 6 9 3 7 8 3 1 7 8

채점

올바른 순서로 자신이 기억하는 만큼 숫자를 적는다. 정확한 숫자는 1점으로 채점하고, 잘못되었거나 위치가 틀리면 1점을 깎는다. 만일 두 숫자의 위치가 틀리면 2점을 감점하지만 다음 숫자가 정확하게 맞으면 점수는 다시 더해진다. 학생들은 평균 12점을 얻었으며, 단어 테스트와 마찬가지로 성인의 경우에는 점수가 조금 더 높게 나올 것으로 예측된다.

AMAZING MEMORY 02

암기는 '반복'보다 '스토리텔링'이다!

기억이란 우리 모두가 당연하게 받아들이는 뇌의 기능이다. 친구나 친지의 생일을 자주 잊어버린다거나, 사람들의 이름을 잘 기억하지 못하거나, 뭔가를 사야 한다는 사실을 깜박해 상점을 다시 방문하는 경우처럼 무언가를 잘 잊어버리는 사람들은 "나는 기억력이 더 좋았으면 좋겠어!"라고 하소연할지도 모른다. 하지만 사람들이 진심으로 그렇게 말하는 것 같지는 않다. 사실 삶에 필수적이어도 무방한 기억력에 감사하는 마음을 품고 사는 사람은 거의 없다.

생각과 관련된 작은 실험을 하나 해보자. 놀랍고도 경이로운 우리의 기억력이 삶에서 사라져버린다면 어떻게 될까? 친구나 가족,

한때 익숙했던 환경 등에 대한 마음속의 이미지가 존재하지 않게 될 것이다. 아마도 정체성을 잃고, 특정인과 장소에 대한 소속감이 사라질 것이다. 당신의 자아상은 또 어떻게 될까. 자신이 겪은 실패와 스스로 자랑스럽게 여기는 업적을 중심으로 잠시 동안 마음속을 맴돌다 이내 사라지고 말 것이다. 소속감 하나 없이 오로지 재능과 상황만을 가진 완전하고 복잡한 자아의식을 가진다는 것은 비극이다.

반대로 온전히 기능하는 '강력한 기억력'은 가족에게 전화를 걸거나 열쇠를 찾거나 피자를 굽는 일상적인 일을 할 수 있게 도와주는 실용적인 도구이다. 또한 개인적이고 내면적인 풍요로움에 거대한 원천을 제공한다. 나는 나의 기억력이 실제로 저장한 용량보다 훨씬 크다는 사실을 알았고, 이는 결과적으로 내게 자신감과 안도감, 나에 대한 내재적이고 강력한 믿음을 가져다주었다. 이후 나는 보다 많은 것을 얻는 데 성공했다.

우선 나의 기억 여행이 시작된 시점으로 돌아가보자. 내가 서른 살이던 1987년의 일이다. 나는 강력한 기억력의 소유자인 크레이턴 카벨로가 텔레비전에 출연해 임의로 섞어 놓은 52장의 카드를 암기해내는 것을 보았다. 그리고 그가 어떻게 그런 초인적인 기억력을 가질 수 있었는지, 그 비법을 알아내고 싶은 마음이 간절해졌다. 그는 진정 천재였을까? 아니면 특별한 전략을 사용했을까? 아니면 단지 다른 사람들보다 조금 특별하거나 영리할 뿐일 걸까?

카드 한 벌로 무장한 나는 그의 업적을 재현하기 위해 부단히 노력했다. 대부분의 사람들과 마찬가지로 처음 대여섯 장의 카드만 기억해냈고, 얼마 뒤 복잡한 숫자와 카드 순서에 압도당하고 말았다. 나는 카벨로가 도대체 어떻게 수행해냈는지 알고 싶어 견딜 수가 없었다. 신비로운 일에 마음을 온통 빼앗기는 것은 나의 천성이다. 나는 카벨로의 진기한 재능을 모든 관점에서 조사해봐야겠다고 생각했다. 왜 그렇게까지 했느냐고? 그가 할 수 있는 일이라면 나도 할 수 있다고 믿었기 때문이다.

♥♣♠♦

가방에 짐 꾸리기 게임

나는 우선 어린 시절 자동차 여행 도중 시간을 보내기 위해 했던 게임 하나를 떠올렸다. 여러분도 한 번쯤 해봤을 그 게임을 나는 '가방에 짐 꾸리기'라고 불렀다. 게임은 참가자들이 차례대로 가방 속 물품 목록에 물건을 하나씩 추가하는 방식으로 진행된다. 물론 이전에 나온 물품도 계속해서 반복해 말해야 한다. 예컨대 첫 참가자가 "나는 가방에 책을 담았지"라고 하면 다음 참가자는 "나는 가방에 책을 담고 우산도 담았지"라는 방식으로 계속해서 이어나가는 것이다. 물건의 이름을 잊어버리는 사람은 탈락하고, 한 사람의 승자가 남을 때까지 게임은 계속된다. 나는 이 게임을 잘하긴 했지만, 대부분의 사람들처럼 물품 목록을 머릿속으로 단순히 되풀이하고 또 되풀이하기만 했다. 그러는 동안 목록들이 내 머릿속에 고정되기를 바라면서 말이다. 때로는 뒤처지지 않기 위해 연속으로 배치된 물건들을 마음속에 그림을 그리듯 그려보기도 했다. 돌이켜 생각해보면 당시 나는 게임을 더 쉽게 이끌어나가거나, 보다 좋은 점수를 얻기 위해 특별한 전략을 사용하는 능력을 발휘하지는 못했다.

나는 크레이턴 카벨로의 도전과 이 게임을 비교해보았다. 그는 카드 순서를 머릿속에 고정시키기 위한 방법으로 '반복'을 사용하지 않았다. 이 사실이 명백해지기까지는 그리 오랜 시간이 걸리지 않았다. 그는 카드를 뒤집어서 한 번만 보고 바로 다음 카드로 넘어갔다. 전에 본 카드를 재차 확인하지도 않았다. 그가 마음에 새겨두기 위해 순서를 살피고 있다고 단정지을 수도 없었다. 그렇다면 도대체 그는 무엇을 하고 있었을까? 단 한 번 본 것만으로 어떻게 52장의 카드를 정확히 기억할 수 있었을까?

나는 신체 부위들을 특정한 방식으로 움직여서 카드의 모양과 숫자를 부호화할 수 없을지 곰곰이 생각했다. 첫 번째 카드가 클럽 3이라면 3도 정도의 각도로 고개를 돌릴 수 있고, 두 번째 카드가 스페이드 킹이라면 왼쪽 뺨에 혀를 갖다 댈 수도 있었다. 움직임과 카드 사이에 추정할 만한 직접적인 연관성은 없지만, 어쨌든 물리적인 코드를 학습과 암기에 사용한다면 카드 이름만 사용하는 것보다는 쉽게 익숙해지리라 내심 기대했다.

얼마 지나지 않아 나는 그 방법이 실용적이지 않다는 사실을 깨달았고, 이번에는 수학 공식이 도움이 되지 않을까 고민했다. 예를 들어 처음 두 장의 카드가 4와 8일 경우, 두 숫자를 곱해서 32를 얻는 것이다. 잠깐, 그렇다면 32라는 숫자를 대체 어떻게 기억해야 할까? 그리고 그런 방식으로 카드 한 벌 모두를 통합하려면 어떻게 해야 할까… 아무리 궁리해보아도 내가 가진 전략으로는 그 무엇도 제대로 해내기 어려웠다.

신체나 수학을 이용하는 방법이 단지 주의를 다른 곳으로 돌리게 할 뿐임을 깨닫고, 혹시라도 해결책이 설명된 문헌이 있는지 확인하기 위해 지역 도서관을 찾았다. 당시에는 기억력 훈련과 관련된 책도 없었거니와 지금 우리가 잘 알고 있는 인터넷이 발명되기 전이었다. 웹사이트에서 정보를 검색할 수도 없었던 나에게 해답을 찾기 위한 유일한 방법은 오로지 시행착오뿐이었다.

이야기를 창조하는 것이 정보를 암기하는 방법

나는 논리와 추론 능력이 일부라도 제 역할을 다해야 하는 상황과 맞닥뜨렸을 때, 상상력과 창조성이 성공의 열쇠가 될 수 있다는 사실을 생각해냈다. 이야기를 창조하는 것이 곧 정보를 암기하는 방법이라는 말을 어디선가 들은 적이 있었다. 나는 그 아이디어를 가지고 장난을 치며 다양한 방식으로 활용해보았다. 몇 분에 불과하던 시간이 몇 시간이 되고 다시 며칠로 늘어났다. 그제야 나는 카드에 있는 사람과 사물을 '인식'하기 시작했고, 결국 실수 없이 12장의 카드를 암기할 수 있었다. 당시 나는 각각의 카드 배열에 맞는 이야기를 만들기 위해 새로운 카드 코드들을 사용했다. 이것은 실제로 효과가 있었다. 나에게 이때의 경험은 작지만 중요한 진전으로, 카벨로가 했던 것을 정확히 재현해낼 때까지 지속적으로 아이디어의 폭을 넓혀가는 자극제가 되어주었다.

처음 기억력 도전에 손을 댄 이후로 나는 성공이 단지 시간 문제라고 생각했다. 위치와 장소의 조합법과 스토리텔링을 활용하여 나중에는 더 많은 방법을 조합했다, 나는 마침내 52장의 카드 순서를 단 한 번의 실수도 없이 기억해냈다. 지금도 그 순간만큼은 잊을 수 없다. 기억을 다시금 떠올릴 때마다 비로소 무언가를 해냈다는 커다란 기쁨과 환희가 가슴속에서 살아나는 듯하다. 그것은 단순한 성취가 아닌, 나에게 큰 힘을 실어주는 무엇이었다.

살면서 그런 느낌을 경험해본 적은 처음이었다. 나는 환희에 취해 그대로 안주해서는 안 된다고 생각했다. 호기심, 끈기, 시행착오와 투지 덕분에 비교적 짧은 기간 안에 한 번만 확인하고도 여러 벌의 카드를 암기하는 경지에 이르렀다. 또 그 과정을 통해 기억력에 변화를 주는 훨씬 많은 사항들에 대해서도 생각하기 시작했다. 지금 이 순간에도 나는 창조성에서 시작된 처음의 몇 가지 과정이, 내 두뇌의 여러 기능을 완전히 개편하게 될 사건들을 일으켰다고 믿는다.

크레이턴 카벨로가 가진 능력의 핵심을 알아낸 후, 나는 두뇌로부터 시작되는 기묘하고도 멋진 일들을 탐구하기 시작했다. 아울러 나 자신이 더욱 창조적으로 변해가고 있다는 사실 역시 확인했다. 기억력을 높이기 위해 열심히 노력할수록 더 많은 아이디어와 연상들이 사방에서 샘솟았다.

다음 AMAZING MEMORY에서 설명할 시스템의 핵심에는 '단순한 카드놀이'를 '심상'으로 변환하는 과정이 포함되어 있다. 처음에는 느리고 굼떴지만, 오래지 않아 다채로운 사고와 안정적이고 수월한 이미지의 흐름이 마음속에서 자동으로 떠오르는 것을 느낄 수 있었다. 곧이어 나는 동일한 방법을 적용해 거대한 수열, 단어들의 긴 목록, 수백 개에 달하는 이진수, 이름과 얼굴의 조합, 전화번호, 서정시 등을 암기해나갔다.

나는 내가 경이로운 기억력의 소유자가 된다면 창조력의 문도 자연스럽게 다시 열릴 것이라 믿었다여기서 말하는 창조력은 학교에서 집중을 강요받는 동안 억압되어온 능력. 그리고 얼마 지나지 않아 한없이 자유로워지는 마음을 느낄 수 있었다!

AMAZING MEMORY 03

상상력이 완벽한 기억력을 만든다!

기억력에 관한 경험이 나의 두뇌를 새롭게 정비했다고는 하지만, 기억력이 창조성을 비롯한 뇌의 여러 기능적인 측면들과 밀접한 관계가 있다는 사실은 과장처럼 들릴지도 모르겠다. 그러나 이 책을 읽어가는 동안 그 말이 현실적으로 지나친 표현이 아니라는 사실을 깨닫게 될 것이다. 가장 중요한 핵심은 기억력 훈련이 상상력이라는 자원에 크게 의존한다는 점이다.

크레이턴 카벨로를 모방하기 위해 부단히 애쓰며 기억력을 높이던 초창기 시절, 나는 카드 나열처럼 서로 연결되지 않은 여러 정보를 암기하려면 먼저 이미지로 부호화하는 작업이 필요하다는 것을 깨달았다. 그 방법을 활용하면 서로 관련성이 없는 정보 조각들을 어떤 식으로든 연결할 수 있었다. 지금의 나는 상상력을 활용하는 이런 과정이 논리와 공간 인식을 포함한 뇌 기능의 모든 범위를 가동시키는 것과 같다는 사실을 잘 알고 있다.

독자들 중에는 기억력 훈련이 가능할 정도로 강한 상상력이 자신에게 없다며 염려하는 이들도 있을 것이다. 그런 생각은 과감히 떨쳐버리는 편이 좋다. 당신 또한 어느 이국적인 장소에 가 있는 자신을 마음속으로 자세히 그려본 적이 있을 것이며, 스트레스가 많았던 날 저녁에 조용히 마음을 진정시키며 의자에 앉아본 적 또한 있을 것이다. 그렇게 시간을 흘려보내고 나면 당신은 자신이 무척이나 세세하고 정확한 상상의 세계를 창조해냈다는 사실을 알게 된다. 그렇다. 우리 모두는 놀라운 상상력을 갖고 있다. 다만 우리는 상상력을 스스로 억압하도록 배우고 조절해왔을 뿐이다.

상상력을 촉발시키기에 결코 늦은 시기란 없다. 그 점에 있어서는 내가 증인이다. 어린 시절, 내가 자주 공상에 빠져서 주변 사람들에게 비난받았다고 한 말을 기억하는가? 당시 학교 선생님들은 상상력이 풍부한 나를 억압하기 위해 자신들이 할 수 있는 모든 일을 했다. 지금에 와서야 곧잘 공상에 빠지던 어린 시절의 성향이 창조적인 사고력의 단면을 보여준 것에 불과하다는 사실을 알 수 있었다.

비록 나의 공상이 조금은 별났다 할지라도, 나는 그것이 창조성의 무한한 잠재력을 드러내기 위해 내 마음이 보여준 나름의 방식이었다고 생각한다. 기억력 대회에서 나를 한층 뛰어나게 만든 원천이라고 자부할 만한 잠재력 말이다. 우리가 펼쳐 나갈 잠재력은 우리 모두에게 내재되어 있다. 그때가 언제든 올바른 방식들을 배울 수만 있다면 말이다. 상상력이 풍부한 사고는 내게 명확하고도 자연스럽게 다가왔고, 지금의 나는 그것을 어느 때보다 빠르고 쉽게 발현시킬 수 있다.

당신은 이 책에서 알려주는 모든 훈련법과 조언, 팁을 통해 다양한 방식으로 상상력을 발휘할 기법들을 배우게 될 것이다. 상상력 훈련을 많이 할수록 삶 속에서 창의적인 이미지와 아이디어, 의견을 보다 쉽게 만들 수 있다.

더욱이 상상력이 활성화됨에 따라 기억력을 포함한 당신의 전체적인 지능 역시 강화된다. 당신은 특별한 날에 입을 옷을 선택하거나, 카드 한 벌을 외우는 방법, 판매 계약을 맺는 방법 등을 고를 때 빠르고 명확하게 결정하는 자신의 모습에 깜짝 놀라게 될 것이다. 당신에게 필요한 것은 '꿈 같은 창조력'이 제 능력을 발휘하도록 세상 밖으로 끄집어내는 방법이다.

♥♣♠♦

완벽한 기억력을 발견한 한 공상가의 탄생기?

1958년 4월 24일, 한 철도역에서 일어난 사건이다. 젊은 엄마와 어린 자식들은 잉글랜드 남부 해안에 사는 숙모 집을 방문한 뒤 집으로 돌아가기 위해 세인트레너즈에서 출발한 기차를 기다리고 있었다. 어머니는 기차 안에서 읽을 잡지를 사기 위해 어린 아들에게 8개월 된 동생이 타고 있는 유모차를 붙잡게 했다. 어머니가 신문 판매인 쪽으로 걸어가고 있을 때였다. 정차해 있던 기차가 플랫폼에서 터널을 향해 떠나려 움직이기 시작한 그때, 어린 아들은 자신도 어머니를 따라가 기차에서 읽을거리를 사기 위해 잡고 있던 유모차를 놓아버렸다.

기차가 역기류를 일으키며 역에서 출발하는 찰나, 유모차가 움직이기 시작하더니 플랫폼의 경사로를 지나 속도를 높였다. 아래로 계속해서 내려가던 유모차는 열차의 끝부분과 충돌했고, 그 반동으로 즉시 튕겨져 나갔다. 소동이 일어나는 소리를 듣고 밖으로 달려 나온 어머니는 공포에 질린 채 비명을 지르며 아기를 내려다보았다. 내가 바로 그 아기였다.

나는 기적적으로 살아서 이야기를 전하고 있다. 아기였던 나는 이마에 혹이 하나 생겼을 뿐, 다행히도 크게 다치지 않았다. 나는 그때의 혹이 나의 모든 삶을 계획했다고 믿고 있다. 이 사건 하나만으로 어린 시절 내가 지녔던 주의력 문제를 설명할 수 있다고 생각하기 때문이다. 정말로 혹이 원인이었다면, 나는 그 독특한 방식에 어느 정도 감사한 마음을 갖고 있다. 공상하는 성향이 없었다면 아직까지도 내가 가진 완벽한 기억력을 발견하지 못했을 것이기 때문이다.

MEMORY TRAINING
02

감각을 상상하기

이 훈련법은 당신이 틀에 박히지 않은 연상을 만드는 방식에 익숙해지도록 상상력을 완화시키기 위해 고안되었다. 이 방법은 시각적 이미지만이 아니라 자신의 모든 감각을 결합하여 수행해야 한다이는 기억을 붙잡기 위해 반드시 필요한 과정이다. 처음에는 서로 연결되지 않던 사물들 사이에 생생하고도 창의적인 연관성을 만들 수 있다는 확신이 생길 때까지 매일 연습하는 것이 좋다. 훈련 방법을 숙지해 이미지와 감각을 쉽게 구체화할 수 있다면, 그 후에는 눈을 감고 시도해보라.

*첫 번째 시나리오

손에 축구공을 들고 있고, 공에서는 방금 짜낸 신선한 오렌지 향기가 난다고 상상해보자. 마음속에 두 가지가 생생히 살아나도록 몇 분간 여유를 두고 상상한다. 이제 공이 젤리의 질감을 가졌다고 상상하자. 시계처럼 똑딱거리는 소리가 나고 초콜릿 맛이 난다. 서두르지 말라. 최소 5분간 곰곰이 상상해보고 자신이 할 수 있는 최대한으로 생생하게 만든다. 마음이 산만해진다면 처음에 축구공을 들고 있던 느낌으로 돌아간다.

*두 번째 시나리오

첫 번째 시나리오를 완전히 자연스럽게 수행하고 다음을 시도해보자. 분홍색 반점이 있는 노란색 코끼리가 있다. 코끼리는 고양이처럼 울고, 생강 맛이 나며, 쐐기풀의 질감과 신선한 원두커피의 향을 가졌다. 이번에도 모든 것이 마음속에서 살아 숨 쉬도록 5분 이상의 시간을 들여 상상해본다. 준비가 되면 축구공과 코끼리의 기이한 특성들을 떠올려봄으로써 자신을 테스트해보라. 상세하게 시각화할수록 이미지를 더 쉽게 마음속으로 끌어올 수 있다.

AMAZING MEMORY 04

완벽한 기억력의 핵심 비밀은, 바로 '연상'이다!

완전히 별개로 여겼던 '주제와 개념 간의 연상'을 기억하는 방법을 앞의 훈련에서 제시해보았다. 감각의 결합을 통한 이 훈련법은 완벽한 기억력의 첫 단계다. 하지만 정말로 가치 있는 단계가 되기 위해서는 가능한 한 튼튼하고 빠르게 연결고리를 만들 수 있어야 한다. 다행히도 당신의 뇌는 연상에서만큼은 강력한 기계 같아서 날렵한 속도로 연결을 만들고 싶어 한다. 하지만 문제는 뇌가 아니라 자유롭게 생각하는 것을 막는 '간섭'이다. 간섭은 종종 머릿속 연상을 어지럽혀 당신을 헷갈리게 한다.

자유롭고 창조적으로 생각하는 능력을 간섭이 방해한다면, 과

거의 나처럼 그것을 마음속에서 버려야 한다. 사고의 속도를 늦추거나 내부 잡음을 없애려 하지 말라. 연상들이 서로 연결되는 방식을 이해하려고 해서도 안 된다. 단지 서로 연결되어 있다는 사실만을 신뢰하고, 연상의 순수한 힘이 스스로 발휘되도록 내버려두어야 한다.

어떤 의미에서 우리는 경험을 확실한 범주로 분류하기 위해 그것을 미리 조정한다. 내가 당신에게 "딸기"라고 말하면 딸기의 이미지가 당신 마음속에 떠오를 것이다. 아마 녹색 꼭지가 달린 통통한 붉은색의 이미지일 것이다. 만약 당신이 마음을 자유롭게 내버려둔다면 어떻게 될까? 딸기의 단순한 이미지는 여전히 떠오르지만, 더 나아가 맛을 볼 수 있을지도 모른다. 아니면 냄새를 맡거나, 딸기의 표면에 있는 작은 구멍 혹은 반짝이는 딸기의 이미지를 생각할 수도 있을 것이다. 당신이 상상하는 딸기는 줄기에 매달려 있는가, 다른 딸기와 함께 그릇에 담겨 있는가?

당신이 마음에 자유를 허락한다면 더욱 크고 풍부한 연상을 얻을 것이고, 그것은 한층 생생하게 느껴질 것이다. 어린 시절 소풍을 가서 딸기를 먹은 기억이 있을 것이다. 그때 당신은 친구와 함께였는가? 딸기는 초콜릿에 찍어 먹었는가, 크림을 발라 먹었는가? 친구는 어떤 옷을 입고 있었으며 당신은 어떤 이야기를 했는가?

당신의 마음은 다시금 멀리 떠나고, 그렇게 다른 연상의 끈을 잡고 다음 회상으로 이어지는 과정이 계속될 것이다. 현실로 돌아오기 전의 당신의 마지막 상상은 아마 딸기와는 전혀 상관이 없을 것이다. 프랑스 소설가 마르셀 프루스트는 이와 같은 방식으로《잃어버린 시간을 찾아서》라는 자전적 소설을 썼다. 그는 차에 적신 마들렌 과자의 맛에서 시작된 기억의 흐름으로 이야기를 전개해나갔다.

요컨대, 마음의 족쇄를 풀어버리면 기억은 실로 대단한 곳으로 당신을 데려간다. 상상을 할 때마다 당신은 기억을 자유롭게 설정해 빛과 같은 속도로 엄청난 정확성과 힘을 가진 연상을 하게 된다. 연상에 있어 속도, 정확성, 힘은 완벽한 기억력을 위한 필수 요소다.

AMAZING MEMORY 05

그날의 감정과 감각이 기억을 불러온다

딸기에 관한 자유 연상과 프루스트의 소설이 시사하는 연상을 만드는 일은 단순한 1차원적 작업이 아니다. 일단 감정들이 먼저 활동을 시작한다. 과거의 사건에 얽힌 세세한 내용들을 회상하기 전에 당신은 먼저 관련된 감정을 떠올릴 것이다.

자전거 타는 법을 배운 날을 기억하는가? 나의 경우, 그날을 생각했을 때 가장 먼저 떠오르는 기억은 의기양양한 느낌, 그리고 넘어지지 않고 혼자 달려야 한다는 사실을 깨달은 순간 느낀 약간의 두려움이다. 당신의 감정이 어떤 사건을 되살리면 감각도 다시 살아나기 마련이다.

특히 냄새는 기억력과 강한 유대를 가진다. 기억과 학습에 관련된 후각 망울은 인간의 뇌와 밀접한 생리학적 연관성이 있다. 그래서 자전거를 타면서 느낀 주변의 냄새가 먼저 떠오르는 것이다.

냄새 다음으로는 소리가 있다. 당신은 어쩌면 바람이 귀를 스쳐 지나가는 '휙' 소리를 기억할지 모른다. 음악의 한 소절이 어떻게 기억을 선명하게 만드는지도 생각해보라종종 음악은 감정적인 반응을 유발한다. 혹은 홍수처럼 밀려오는 주변의 광경일 수도 있다. 유난히 밝거나 선명하거나 평소와 다른 모습이었다면 당신은 자전거를 타며 본 주변의 풍광을 선명한 이미지로 갖고 있을 것이다.

자유롭게 연상할 수 있도록 학생들을 훈련할 때, 나는 자전거를 처음 배운 날이 아니라 학교에서의 첫날을 기억해보게 한다. 당신도 한번 해보라. 학교 건물까지 걸어가던 막연한 기억이 떠오를 수도 있고, 당신을 환영하는 선생님에 대한 느낌이 떠오를 수도 있다. 한 가지 분명한 점은, 가장 먼저 떠오르는 생생한 기억이 바로 '감정'이라는 사실이다.

나는 당시 흥분되면서도 불안했던 걸로 기억한다. 학교에 가고 싶긴 했지만, 집에서 느낄 수 있는 절대적인 안전함에서 벗어나기 싫었다. 적어도 첫날 학교에 갔을 때만큼은 행복한 기분인 걸로 기억한다. 새로운 친구들과 함께 많이 웃었던 일도 생각난다.

다음으로는 감각과 관련된 기억들이 떠오른다. 운동장에서 나는 타르 냄새이 냄새는 아직도 학교 첫날을 떠올리게 한다, 첫 수업을 위해 우리를 불러모으던 벨 소리, 심지어 집에서 먹던 우유보다 진하고 크림색이 짙었던 학교 우유의 맛과 얼음처럼 차가운 우유병, 짙은 파란색을 띤 얇은 빨대의 느낌까지도 기억난다.

논리와 창조성뿐만 아니라 감정과 감각을 사용해 연관성을 만들고, 과거로부터 생생한 에피소드를 가져오는 능력을 연마하라. 그러면 뇌는 새로운 정보들을 즉각적으로 암기할 것이며, 당신은 당신의 뇌가 빠른 속도로 연관성을 만들어내는 느낌을 신뢰하게 될 것이다.

일반적으로 자신이 떠올리는 최초의 연상이 가장 신뢰할 만하기에, 위와 같은 '즉시 연상'은 기억력 훈련에서 중요하다. 이에 대해서는 앞으로 여러 차례 반복해서 다룰 것이다.

♥♣ MEMORY TRAINING
♠♦ 03

'단어'로 자유 연상 놀이

단어들은 기억을 불러온다. 다음의 각 단어들을 보고 마음속에 어떤 과거가 떠오르는지 확인해보자. 각 단어는 1~2초만 볼 수 있다. 떠오르는 것을 골라내려 하지 말고, 최초의 연상이 일어나게 두자. 이후로는 이미지, 사고, 감정, 감각 등을 가능한 한 자세하게 표현한 뒤 다음 단어로 이동한다. 단, 이때는 몇 분가량 시간을 길게 사용할 수 있다. 이 훈련법의 목적은 당신이 자유 연상에 익숙해져, 이미지뿐만 아니라 감정과 감각도 홍수처럼 밀려오게 유도하는 것이다. 자유 연상을 많이 할수록 암기와 관련된 더 많은 성취를 이룰 수 있다.

고양이

무지개

장난감

생일

아이스크림

눈

교회

방석

모래

발톱

앞의 훈련법은 대상과 관련된 사건, 생각, 감각, 감정을 다시 불러오는 습관에 도움이 된다. 당신은 기억들이 되살아나는 속도에 있어서도 편안함을 느껴야 한다. 나는 이 훈련을 포함해 다른 유사한 훈련을 할 때면, 인생의 지난 모든 시간을 넘나들며 여행하고는 한다. 이전과는 다른 지역에서 다른 사람들과 함께하며 다른 감정들을 느끼고, 다양한 것들을 듣고, 보고, 냄새 맡고, 만지고, 맛보는 자신을 발견하는 것이다. 회상은 쉴 새 없이 찾아온다. 마치 롤러코스터를 타는 느낌으로 말이다. 그것은 내 삶을 관통하며 이쪽저쪽으로 나를 쏜살같이 데려간다. 당신도 조금이나마 나와 같은 느낌을 받기를 바란다.

기억을 불러일으키는 단어들

나는 '유아용 침대'라는 말을 들을 때마다 어린 시절의 기억 속으로 순식간에 빨려 들어간다. 두 살 무렵의 나는 위로 튀어 오르는 느낌을 즐기면서 유아용 침대의 기둥을 잡고 마구 흔들어 댔다. 심지어 나를 두고 링의 한쪽 모퉁이에서 몸을 푸는 권투 선수처럼 보인다고 했던 어머니의 말까지 기억난다. 이처럼 방해하지 않고 그대로 내버려 둘 경우, 우리의 마음은 뇌의 가장 깊은 곳까지 자유롭게 돌아다니며 수많은, 그리고 머나먼 과거에까지 닿는다. 이 사실은 언제나 나를 놀라게 한다.

AMAZING MEMORY 06

두 단어의 연결 고리 만들기

우리는 뇌가 어떻게 하나의 단어에서 순간적으로 유발된 기억의 홍수를 이끌어내는지 알게 되었다. 이제 다음 단계로 넘어가보자. 아무 연관성 없는 두 단어는 어떻게 연결될까? 지금까지 우리는 상상력에 대해 이야기했고, 연상을 만들어내기 위해 과거를 사용하는 법을 알아보았다위의 두 가지를 결합하면 가장 기본적인 암기 기술이 완성된다.

만약 과거에 참고할 점이 없다면, 두 가지 개념단어든 사물이든 행동이든 그 외의 다른 무엇이든 사이의 관계를 형성하기란 불가능하다. 과거는 우리에게 학습을 제공하며, 우리는 그 학습을 통해 하나의 사물에서 다른 사물로 이동하는 경로를 만들 수 있다. 인생의 모든 사건은 낱말 퍼즐의 조각들처럼 서로 잘 맞물린다. 하나의 퍼즐 조각에서 다른 퍼즐 조각으로 이동해가며 이들을 연결할 수 있다. 이런 경로를 만드는 가장 효율적인 방법은, 우리의 지식 창고에서 가장 명확한 연결점들을 찾음으로써 최소한의 퍼즐 조각만 사용하는 것이다.

'벽'과 '닭'이라는 단어를 암기한다고 하자. 나는 두 단어와 관련된 끝없는 기억의 흐름을 갖고 있다. 내가 할 일은 마음속에서 두 단어가 서로 연결되는 경로를 알아내는 것이다. 예를 들어보자.

'벽'은 핑크 플로이드의 앨범 〈The Wall〉과 더불어 어린 시절 올라갔던 벽, 학교 밖으로 나가기 위해 사용하던 벽 등을 생각나게 한다. 그런 식으로 깊고 빠른 연상의 흐름을 이어 나가다보면 어느새 전래동요 〈험프티 덤프티가 벽 위에 앉았네영국과 미국의 전래동요로, 험프티 덤프티는 달걀을 의인화한 캐릭터다-옮긴이〉라는 명백한 연결 고리를 발견하게 된다.

바로 이거다! 험프티 덤프티는 벽 위에 앉아 있고, 달걀이며, 달걀은 닭이 낳지 않는가. 나는 상상력을 발휘해 벽 위에 앉아서 험프티 덤프티를 낳고 있는 닭을 그려본 뒤, 동요를 부르던 어린 시절의 모습을 회상함으로써 연상을 더욱 생생하게 만든다. 그 후에는 아주 자연스러운 수순인 양 험프티 덤프티를 낳는 닭의 모습을 보고 킥킥거리며 웃는 어린 나의 모습을 상상한다.

과거에 실제로 일어난 일은 아니지만, 꼬마인 나와 동요 사이의 연결은 논리적인 시나리오를 만들기에 충분하다. 이러한 과정 모두가 어렵고 장황하게 들릴지 몰라도, 우리의 뇌는 거의 순간적으로 연결을 잇는다. 예를 하나 더 들어보자.

펜과 수프가 있다. 두 가지를 함께 기억하려면 어떤 방식으로 연결할 수 있을까? 자유로운 연상과 상상력을 사용하면 다음과 같은 연결이 가능하다. '펜을 사용해 수프를 젓는다아마 펜의 잉크가 함께 섞이면서 수프의 색깔이 변할 것이다' '펜을 사용해 진한 수프에 패턴을 만들거나 단어를 쓴다' '편지를 쓰는 잉크처럼 수프로 펜을 채운다' '펜을 수프를 먹는 빨대로 사용한다' 등과 같이 연결해볼 수 있다. 비록 이 예시와 과거와의 연결이 분명치 않더라도, 모든 연상은 펜과 수프에 대한 나의 경험과 이해를 이끌어낸다. 기억과 연상은 서로 뗄 수 없는 불가분의 관계다.

혼자서 해볼 수 있는 비슷한 예들이 다음의 훈련법에 나온다. 이런 훈련이 처음이라면 낱말들의 짝에 생각을 집중할지 모른다. 그러나 훈련의 목표는 방해되는 편견이나 선입관을 배제한 채 둘 사이의 공통분모에 도달하는 것이다.

♥♣ MEMORY TRAINING
♠♦ 04

두 단어로 연결 고리 만들기

다음의 단어들을 서로 연결하기 위해 머릿속에 떠오르는 최초의 연상을 붙들어보자. 연결을 편집하고 싶은 유혹을 뿌리치고, 함께 짝을 이룬 단어만을 활용해야 한다. 이 단어에서 저 단어로 가는 가장 명확한 경로를 찾기 위해 생각을 자유롭게 풀어놓는 것도 잊지 말자.

이 과정을 끝냈으면 오른쪽 열을 손으로 가리고 자신이 기억하는 짝이 몇 개인지 확인해본다. 10개 이상이면 당신의 연상이 고정되기 시작한다는 확신이 들 것이다. 14개 모두를 기억할 때까지 반복해서 연습한다.

버스	소금
탁자	달
기타	회반죽
발목	유리
코르크	횃불
베토벤	휴대전화
대리석	양초
거위	거품
탄력성	상어
오렌지	소총
펜	지붕
데이지	쥐
카메라	신발
팔찌	빗

'베토벤'이 살던 시절은 '휴대전화'가 발명되기 전이지만, 우리는 그가 대리인에게 전화하기 위해 휴대전화를 사용하는 모습만큼은 상상해볼 수 있다. 당신의 뇌가 청각적인 단서를 더 선호한다면, 베토벤의 교향곡 5번이 벨소리로 울리는 것을 상상할 수도 있을 것이다. 이처럼 당신이 해야 할 일은 오로지 가장 빠른 공통분모가 머리에 들어가도록 하는 것이다.

필요 이상으로 기묘하거나 환상적인 연결을 시도해서는 안 된다. 우리의 창조력은 필요 이상으로 일할 필요가 없다. 자연스럽고 논리적인 시나리오를 상상할수록 뇌의 양쪽 반구는 조화롭게 작동한다. 그렇게 되면 뇌가 연상을 받아들이고 기억할 가능성도 더 높아진다.

연습을 마치면 스스로 축하하라. 당신은 방금 연결되지 않은 정보를 기억하기 위한 기본적인 기술을 마스터했다. 이것을 '연결법'이라고 한다. 두 단어에 연결법을 사용할 수 있다면, 더 긴 목록들에도 사용할 수 있다.

AMAZING MEMORY 07

모든 것은 이야기로 통한다 : 연결법

'MEMORY TRAINING 01 : 내 기억력의 기준치를 파악하기'의 첫 번째 테스트에 나온 다섯 단어로 이야기를 시작해보자. 단어들은 '바이올린, 기사, 가방, 목걸이, 눈덩이'다. '모든 단어는 나머지 단어 모두와 연결될 수 있다'는 원칙을 적용한다면, 우리는 우선 항목들 간의 연결을 만들어야 한다.

'기사'가 연주하는 아름다운 '바이올린' 소리가 들린다고 상상해보자. 마음의 눈으로 보면, 갑옷의 방해를 받으며 턱에 바이올린을 대기가 얼마나 까다롭고 힘든지 알 수 있다. 기사의 발밑에는 '가방'이 놓여 있다. 가방은 밝고 선명한 색상일 수도 있고, 낡고 오래되었을 수도 있다. 가방 안에는 아주 귀중한 다이아몬드 '목걸이'가 있다. 햇빛이 다이아몬드에 반사되어 밝게 빛나고, 반사된 빛으로 인해 당신은 눈을 찡그린다. 고개를 돌리는 순간 어디선가 '눈덩이'가 날아와 당신의 뺨을 때린다. 눈덩이를 맞은 얼굴이 차가움으로 얼얼하다.

자신의 모든 감각과 정서적 반응을 활용해 연습할수록 연상은 더욱 빠르고 정교해진다. 기억에 더 오래 남는 연결이 만들어진다. 이 짧은 장면을 마음속으로 재연해보고, 필요하다면 상세한 장면 몇 가지를 추가해보라. 당신이 효율적으로 작업했다면물론 내가 만든 연결이 당신에게 공감을 주지 못할 수도 있다 이야기를 재연해 단어 목록을 순서대로 반복하거나, 거꾸로 반복하는 데에 무리가 없을 것이다. 양방향으로 자유롭게 단어의 순서를 외우며 기억에 잘 남았는지 확인해보자.

바로 지금, 앞의 목록을 다시 보지 않고도 가방의 양쪽에 있던 두 단어가 무엇인지 기억할 수 있는가? 기억이 난다면 당신의 뇌가 새로운 데이터를 완전히 동화시키고 통합하는 데 성공한 것이다. 앞으로 당신은 다양한 방식으로 데이터를 재현하거나 기억할 것이다. 기억하고, 해석하고, 재연하고, 재구성할 수 있는지의 여부가 우리가 배우는 내용의 핵심이다.

연결법을 가르칠 때 나는 학생들에게 다섯 단어로 된 목록을 얼마나 오랫동안 기억할 수 있다고 생각하는지 물어본다. 대부분의 학생들은 몇 분만에 모두 잊어버릴 것이라고 대답한다. 하지만 자신들의 예상이 실제와는 전혀 다르다는 사실을 알고는 놀라움을 금치 못한다. 연결법은 너무나도 강력해서 24시간이 지나도 암기한 목록이 남아 있는 경우가 많다. 기계적인 반복만으로는 세상의 어느 누구도 이와 같은 수준까지 기억하지 못한다.

다섯 개의 단어가 쉽고 간단하다면 두 개를 추가해보자. 보트, 타이어, 소포, 버튼, 양배추, 생쥐, 부츠라는 일곱 가지 사물에 연결법을 적용해보라. 내가 생각해낸 이야기는 다음과 같다.

나는 잔잔한 바다에서 '보트'를 타고 아주 느린 속도로 정처 없이 떠돌아다니는 중이다. 보트가 해안에 접근하자 모래 위에 놓인 '타이어' 하나가 보인다. 나는 모래사장을 따라 타이어를 굴리고, 타이어는 '소포' 옆에서 멈춘다. 내용물을 확인하려고 소포를 뜯어보니 붉은색 '버튼'이 달린 장치 하나가 들어 있다. 호기심에 못 이겨 버튼을 누르자 마법처럼 '양배추' 하나가 모래 속에서 튀어 올라온다. 순간 양배추 속에서 겁에 질린 생쥐 한 마리가 튀어나와서는 허둥지둥 도망쳐, 안쪽 해변에 버려진 '부츠'에 숨어든다.

연결법은 매력적이다. 기계적이고 반복적인 학습에는 보통 여러 시간이 걸리며 결과도 좋지 않다. 연결법을 활용한 학습은 빠르고이야기를 만드는 데 시간이 얼마나 걸릴까? 아마도 30~40초면 충분할 것이다, 기억한 내용도 대개는 완벽하다. 연결법은 서로 별개인 정보에도 의미를 부여한다. 모든 내용이 문맥 속의 상황과 연관성을 갖고 있다. 우리는 어떤 형태로든 그 의미를 논리와 더불어 현실 세계의 맥락에 집어넣고, 그것은 다시 현실 속에서 암기하기 쉬운 상태로 바뀐다.

♥♣♠♦

일인칭 사용의 힘

암기에서는 일인칭 사용이 중요하다. 위의 이야기에 당신 자신을 넣으면보트를 타고 있는 내가 아니라 당신을 보라 당신의 뇌는 실제로 일어난 경험이라고 믿게 된다. 자신의 모든 감각을 활용해 삶에 충실한 이미지를 만들어야만 뇌를 속일 수 있다. 보트에서 느긋하게 표류하고 있노라면 무엇이 보일까? 해안에 가까워지면 어떤 소리가 들릴까? 태양의 열기로 뜨거워진 타이어의 고무 냄새를 맡을 수 있을까? 소포의 포장지는 어떤 색깔일까? 타이어를 굴리며 해변을 달릴 때 발에 닿는 모래는 어떤 느낌일까? 연상을 생생하게 할수록 단어들은 당신에게 더욱 쉽게 다가온다.

일인칭에는 또 다른 효과도 있다. 자신이 이야기의 일부가 되면 사건에 대한 느낌과 감정을 직접 부여할 수 있다. 아마도 당신은 보트를 타고 있다면, 물 위에 떠다니며 느긋하고 만족스러운 기분을 느꼈을 것이다. 타이어가 당신에게서 떨어져 멀리까지 굴러가면 약간의 당황스러움이나 불안을 느꼈을지도 모른다. 빨간색 버튼을 누를 때는 조금 걱정스러운 마음이 들었을 것이다.

이야기 속에 당신의 인간성, 당신의 취약한 면, '진실성'을 담으면 당신의 뇌는 그것이 사실이라고 믿는다. 그러면 암기해야 할 대상이 훨씬 기억하기 쉬운 상태로 변한다. 흥미롭게도 뇌의 순환 회로, 즉 개별 신경세포들과 여러 신경세포들의 네트워크는 실제로 일어난 일과 당신이 상상한 일을 구별하지 못한다. 오직 '당신'만이, 진실을 알고 있다는 사실을 온전히 의식할 수 있다. 뇌를 속이는 일은 비교적 쉽다.

♥♣♠♦

시각화의 힘

지금까지 나를 찾아온 많은 사람이 말했다. 이미지를 고정하는 창조력이 부족해서 이런 기술들이 과연 효과가 있을지 염려스럽다고. 하지만 정말로 중요한 것은, 당신이 상상한 일들에 실현 가능성이 있어야 하며, 적어도 어떤 형태로든 논리를 띠어야 한다는 점이다. 요컨대 상상은 창조적이되 지나치게 환상적이어서는 안 된다. 조금 색다르거나 틀에 박히지 않더라도, 이론적으로는 완벽하게 그럴듯

하거나 실현 가능성이 있어야 한다.

앞에 언급된 펜과 수프 시나리오로 다시 돌아가보자. 세상 누구도 수프를 휘젓기 위해 펜을 사용하거나 수프를 잉크로 사용하지는 않는다. 하지만 그렇다고 완전히 불가능한 일은 아니다. 휴대전화를 사용하는 베토벤을 기억하는가? 실제로 베토벤은 휴대전화를 갖고 있지 않았지만, 만약 갖고 있었다면 대리인에게 전화하기 위해 휴대전화를 사용했을 것이다. 이처럼 시나리오에는 항상 약간의 논리가 존재하며, 당신은 창조적이되 초인적인 능력을 발휘할 필요는 없다.

나에게 있어 연상을 사용한 암기는 제2의 본능과 같다. 따라서 나의 정신적인 이미지가 모든 면에서 훌륭한 수준으로 정제되어 있지는 않다는 고백의 말로 독자들에게 약간이나마 위안을 주고 싶다. 때로는 올바른 색과 모양을 가진 스케치일 수도 있고, 때로는 만화처럼 보이기도 한다. 나는 완벽한 시각적 표현을 추구하지는 않는다. 다만 연결을 만들기에 적합한 이미지화된 아이디어와 시나리오를 생각해낸다.

기억력 훈련을 갓 시작한 경우라면, 이야기 속에 가능한 한 많은 이미지를 채우는 것이 좋다. 실전에서는 이야기를 짧게 줄이더라도 그 편이 기억에 대한 편안함과 확신을 느끼게 할 것이다.

♥♣♠♦

이야기꾼 되기

처음의 기준 테스트에서 나는 단어와 함께 순서까지 암기하도록 요구했다. 모르긴 해도 당신은 순서를 정확하게 맞히지 못해 감점을 당했을 것이다. 이를 피하려면 정확한 순서로 연결을 이어야 한다. 가장 쉬운 방법은 목록의 모든 항목을 연결해서 통합하는 이야기를 만드는 것이다. 좋은 이야기들이 으레 그렇듯 그 이야기는 자체적인 논리를 취함으로써 목록 내의 순서를 확정한다. 이를 위해서는 각 항목이 등장하는 순서가 전체 문맥 속에서 의미를 띠어야 한다. 그렇게 되면 당신은 이야기를 재연해 한 시나리오에서 다음 시나리오로 논리적으로 이어가는 동안, 모든 항목을 순서대로 떠올릴 수 있다.

이 방법을 자세히 알고 싶다면 다음에 나오는 훈련법을 실행에 옮겨보자. 목록의 단어가 생각나지 않는다면 당신이 만든 이야기 속의 연결 고리가 튼튼하지 않기 때문이다. 이럴 때는 다시 시도해 보라.

♥♣ MEMORY TRAINING
♠♦ 05

기억 스토리텔링

연결법을 사용해 다음 10개의 단어들을 순서대로 암기할 이야기를 만들어보자. 내가 만든 이야기보다 당신이 직접 만든 이야기가 훨씬 효과적이다. 나는 시간 제한이 없다는 사실만 알려줄 뿐 어떤 조언도 하지 않겠다. 제대로 된 이야기를 만들 때까지 필요한 만큼 시간을 충분히 사용하라. 그렇게 해서 처음으로 만든 이상적인 즉석 연결은 분명 강력한 힘을 발휘할 것이다. 직관적으로 생각하고 모든 감각을 사용하자. 이야기를 다 만들고 나면 페이지를 덮고 올바른 순서대로 단어를 적어 보라. 10점을 얻지 못했다면 이야기의 연결 고리가 튼튼하지 않았다는 의미다. 다시 돌아가 연결 고리의 약한 부분을 강화해야 한다.

자전거
컴퓨터
사다리
베개
카메라
부메랑
케이크
일기
비누
기린

♥♣♠♦ <나만의 스토리텔링 만들기>

CHAPTER 02.

완벽한 기억력으로 끌어올리는 '어메이징 여행법'

AMAZING MEMORY 01

나는 어떻게 처음으로 카드 한 벌을 외웠을까?

지금까지 연상을 사용하는 것이 얼마나 중요한지 설명했다. 이제는 내가 크레이턴 카벨로의 기록을 깨뜨린 사건에 대해 말하려 한다. 나는 목록 만들기 연습과 외부에서 해답을 찾는 시도를 멈춘 뒤에야, 내가 가진 창조력을 발휘해야 한다는 사실을 깨달았다. 물론 지금의 당신도 나와 같은 창조력을 갖고 있다. 예전의 나처럼 기술들을 제대로 활용한다면 당신의 기억력도 비약적으로 변화하고 발전하리라 확신한다. 그럼 나는 어떻게 처음으로 카드 한 벌을 모두 외웠을까?

우선 카드가 내 삶과 관련된 물건이나 특정한 사람을 생각나게 하는지 확인하기 위해 각각의 카드를 들여다보기 시작했다. 예를 들어 하트 J의 카드 속 인물에게서 나의 삼촌이 떠올랐다. 스페이드 5는 손가락 네 개와 엄지손가락을 모은 손으로 보였고, 다이아몬드 10은 다우닝 가Downing Street 10번지의 문을 상기시켰다다이아몬드는 돈이나 부를 떠올리게 했는데, 다우닝 가 10번지는 영국 총리가 영국의 번영을 위해 업무를 보는 곳이며, 주소 또한 카드의 약자와 같은 '10D'였다.

세 장의 카드를 순차적으로 암기하기 위해 나는 앞서 'MEMORY TRAINING 04'에서 관련 없는 단어들을 서로 연결했던 방식으로 사람 및 사물을 연결했다. 즉 10번지다이아몬드 10의 문을 노크하려고 손스페이드 5을 들어 올리는 삼촌하트 J을 상상했다.

오랜 시간에 걸쳐 카드 한 벌 모두에 새로운 정체성을 부여했다. 마침내 고유한 연상을 가진 각각의 코드가 완성되자, 나는 카드를 잘 섞은 뒤 확인 작업에 착수했다. 첫 번째 한 벌은 30분도 지나지 않아 이야기로 연결되었다. 삼촌이 구름 속을 날아다니게 하고 꿀에 흠뻑 젖은 해먹에서 오렌지를 던지게 했다. 골프의 왕 잭 니클라우스클럽 K는 한 쌍의 오리하트 2. 오리의 모양은 2와 닮았고, 하트는 약간 올라간 새의 부리를 연상시켰다를 사냥했고, 오리들은 눈사람다이아몬드 8. 눈사람은 8과 비슷한 모양이고, 눈사람의 목둘레에 다이아몬드처럼 매달린 고드름을 상상했다에게 침을 뱉고 있었다.

이야기가 끝나자 나는 카드 덱을 뒤집어놓았다. 그리고 각각의 카드를 순서대로 기억할 준비를 하고는, 내가 부여한 카드들의 정체성을 하나하나 회상해나갔다. 나는 52장의 카드 중 41장의 순서를 맞혔다. 첫 시도치고는 나쁘지 않은 결과였다!

물론 좋은 출발이긴 해도 완벽하지는 못했던 게 사실이다. 아무리 효율적으로 이야기 시스템을 사용하더라도 카벨로의 기억력에 필적할 만큼 발전하기에는 멀게만 느껴졌다. 그는 2분 59초 만에 카드 한 벌을 모두 외웠다. 내가 아무리 속도를 높여도 3분 안에 그와 같은 위업을 달성하기란 불가능에 가까웠다. 그럼에도 나는 포기하지 않았다. 완벽하게 성공할 날이 목전에 와 있다고 믿었다. 나는 분명하고도 확실한 방법으로 취약점들을 개선해 나갔고, 그 과정에서 믿음은 더욱 확고해졌다. 그리고 마침내 나는 완벽한 전략을 완성해냈다.

♥♣♠♦

나의 첫 번째 카드 코드

스토리텔링으로 카드 암기를 실험하고 연습하던 나는 한 가지 문제점을 발견했다. 짧은 장면들을 차례로 묶을 수는 있지만, 약한 연결고리에 부딪치면 그 틈으로 카드도 함께 빠져나갔다. 좀 더 자세히 설명하기 위해, 초창기에 내가 만든 카드 코드와 그것을 생각해낸 방법을 구체적인 예로 들어보겠다.

• 다이아몬드 6 : 비행기> 6은 비행기 날개 아래의 제트 엔진과 모양이 비슷하다. 비행은 비싼 여행 방법이어서 재산이나 돈을 연상시키는 다이아몬드와 잘 맞는다.

• 다이아몬드 4 : 현금> 1파운드짜리 동전 네 개가 정사각형 모양으로 모여 있는 모습을 상상했다.

• 클럽 5 : 나의 개> 어릴 때 이모네가 기르던 개의 이름은 샐리였는데, S는 5처럼 생겼다. 샐리는 잭러셀 종으로 나중에 내가 반려견을 들이는 계기가 되었다. 클럽을 고른 이유는, 클럽은 무기를 뜻하기도 하는데 잭러셀은 쥐 잡기에 능하기 때문이다.

• 하트 8 : 구름> 8은 내게 거품이 이는 흰 구름을 연상시키며, 하트들도 비슷하게 구름을 떠올리게 한다.

• 스페이드 4 : 나의 차> 4는 네 개의 바퀴를 의미하고, 스페이드는 타이어를 연상시킨다.

• 스페이드 3 : 숲> 스페이드가 나무 모양이고, three(3)는 tree(나무)와 발음이 비슷하다.

내가 적용한 논리는 카드 코드가 '사람과 동물', '운송 수단', '장소' 세 가지 범주 중 하나에 속할 수 있다는 것이었다. 나는 종이에 모든 카드 이름을 적고 각각의 카드에 맞는 코드를 정해 그 옆에 써넣었다. 목록이 다 채워지자 각 쌍을 머릿속에 입력했다.

꽤 어려운 작업으로 들릴지도 모르겠다. 물론 실제로도 쉬운 과정은 아니었다. 하지만 그중에는 전반적인 처리 속도를 높이기 위해 내가 만든 자동 연상 기법에 따른 것들도 있었다. 예를 들어 다이아몬드 7은 007시리즈 〈다이아몬드는 영원히〉에서, 클럽 9는 골프선수 닉 팔도에서 연상했다Nick은 숫자 Nine과 앞 두 글자가 같다. 게다가 나는 일단 코드를 익히면 카벨로와 필적하려는 목표어쩌면 그를 능가할지도 모른다!에 가까워지리라는 확신으로 충분히 동기 부여가 된 상태였다.

이제 연결법을 사용할 차례였다. 나는 각각의 카드에 내가 만든 코드를 연결해 정확한 순서대로 이야기를 만들어냈다. 그 과정에서 나는 몇몇 순서는 나머지 다른 순서들보다 암기하기 쉽다는 사실도 알았다. 예컨대 처음 다섯 장이 스페이드 3, 클럽 5, 다이아몬드 4, 다이아몬드 6, 하트 8이라고 해보자. 나는 숲을 상상하고, 나의 개는 숲속에서 현금을 보고 짖는다. 비행기가 현금을 실으려 착륙했다가 구름 속으로 다시 날아오른다. 이 이야기는 그 자체로 순서와 논리에 대한 감각을 갖고 있어 간단히 암기할 수 있었다. 그런데 순서에 약간의 변경을 주자 문제가 발생했다.

순서가 다이아몬드 6, 스페이드 3, 클럽 5, 하트 8, 다이아몬드 4

라고 해보자. 이번에는 비행기가 숲속에서 짖고 있는 나의 개를 향해 날아가는 모습을 상상할 것이다. 나의 개는 구름 속으로 날아올라 현금을 찾아야 한다. 개와 구름 간에는 연결성이 떨어지고 신뢰할 만한 논리가 부족해서 연결 고리에 결함이 생긴다. 그런데 논리의 취약성만이 문제가 아니었다. 연상의 연결 고리에 있는 연결들이 때때로 튼튼하지 못했다. 한 장면에서 다른 장면으로 비정상적으로 도약하거나 돌진하는 데는 정신적으로 많은 에너지가 허비되었다. 나는 지쳤다. 계속해서 매달려 오랜 시간을 보내봤자 딱히 효과가 있는 것도 아니었다.

그러다 어느 순간 '유레카!'라는 느낌이 왔다. 나는 분명 모든 재료를 제대로 사용하고 있었다. 하지만 여기에는 작은 문제가 있었고 나는 그것이 치환, 즉 순서의 변화라는 사실을 깨달았다. 여기까지 생각이 미치자 대안이 떠올랐다. 특정 장소를 나타내는 특정 카드를 지정하는 대신, 미리 지정된 장소를 사용하면서 모든 카드를 물건이나 동물, 사람으로 만들면 어떨까? 그러면 해당 장소의 연속된 정지 지점들에 그들을 전부 배치할 수 있으리라. 정지 지점들이 자연의 질서를 따르고, 각 카드와 장소 사이의 연결이 충분히 견고해진다면 순서를 완벽하게 외우고 기억할 수 있을 것 같았다. 이른바 내 기억법의 싱배와도 같은 '여행법'의 시작이었다.

명확함이 드러나는 순간은 실로 놀랍다. 아마 이 글을 읽는 당신도 나처럼 인생의 어느 한 시점에서 그 순간을 경험해봤을 것이다. 내가 잘못된 곳으로 가고 있다는 사실과 이를 바로잡을 방법을 알게 되었을 때, 나는 자기 확신에 찬 최고의 순간을 경험했다. 마치 연금술사가 물건을 금으로 바꾸는 방법을 알아냈을 때와 비슷한 순간이리라. 이 순간은 나의 기억력이 크레이턴 카벨로와 동등해지고, 나아가 그를 넘어설 때까지 열심히 카드를 암기하는 데 충분한 동기 부여가 되었다. 생각해보면 '자기 확신'은 코드나 카드보다 나를 훨씬 많이 변화시켰다. 학창 시절에는 의지와 방법적인 면에서 실패만을 거듭했지만, 지금 당장 무엇이든 해낼 자신감을 준 것은 다름 아닌 나 자신에 대한 신념이었다.

AMAZING MEMORY 02

여행법이 내 인생을 바꿨다

여행법이 내 인생을 바꿨다고 해도 과언은 아니지만, 이 또한 초기에는 완벽과는 거리가 멀었다. 명확함의 순간을 경험하고 난 후, 20개의 정지 지점으로 구성된 여행을 계획해 나의 이론을 시험해보았다. 그 여행은 내게 친숙해야 했다. 다음 정지 지점을 생각하느라 시간을 낭비하고 싶지 않았다. 또한 카드 코드와 정지 지점 사이의 연결을 매우 튼튼하게 해야 한다는 점도 알고 있었다. 그러려면 내가 사는 마을을 걸어서 통과하는 여정을 첫 여행으로 삼는 것이 좋을 듯했다. 그렇게 해서 만든 처음 다섯 단계는 다음과 같았다.

1단계 : 우리 집 정문

2단계 : 옆집

3단계 : 버스 정류장

4단계 : 상점

5단계 : 주차장

나는 앞서 장소로 상상했던 카드들의 코드를 사물로 수정했다. 그러지 않으면 두 위치를 짝지어야 하는데, 이는 혼란을 불러올 것이 뻔했다. 스페이드 3은 숲에서 통나무로 바뀌었다. 내게는 다소 모호하고 잘 잊어버렸던 구름인 하트 8은 나 자신이 되었다항상 암기하기 어려운 카드였다는 점 외에 다른 이유는 없다. 내가 어떤 상황에서 어떻게 대응할지 너무나 완벽하게 상상할 수 있기 때문에, 나 자신을 의미하는 것은 특별히 강한 연상을 제공했다.. 이제 카드들은 저마다 특정한 사물 코드를 갖게 되었고, 고정된 경로 또한 정해졌다. 다음으로 내가 할 일은 여정을 따라 적절한 위치에서 각각의 코드카드를 떠올리는 것뿐이었다. 처음에 뒤집은 다섯 장의 카드가 다이아몬드 6, 스페이드 3, 클럽 5, 하트 8, 다이아몬드 4라고 하자. 다음은 나의 기억 여행에서 처음 다섯 개의 정지 지점을 사용해 암기하는 방법을 나타낸 것이다.

- 나는 우리 집 정문에 서 있는 비행기(다이아몬드 6)를 상상한다.

- 옆집 정원에는 울타리에 기대 놓은 통나무(스페이드 3)가 있다.

- 버스 정류장에서 나의 개(클럽 5)는 버스가 지나가자 펄쩍펄쩍 뛰며 짖고 있다.
- 상점 안에서 신문을 사는 나 자신(하트 8)이 보인다.
- 주차장의 주차 공간에 현금 다발(다이아몬드 4)이 놓여 있다.

여행이 순조롭게 순서를 제공한 덕분에 이번에는 내 마음도 순서를 혼란스러워하지 않았다. 20장의 카드로 실시한 테스트는 대성공이었다. 나는 단 한 장의 실수도 범하지 않았다. 그래서 규모를 키워 보았다. 카드 한 벌에 꽉 차는 52단계의 여행을 만들었다. 정문에서 출발해 마을을 지나 술집 주변에서 크리켓 경기장을 가로질러, 잔디 볼링장까지 아름다운 경치가 펼쳐진 길을 따라가는 경로로 여행을 확장했다.

나는 경로를 외우려고 애쓸 필요 없이 52단계 경로를 마음속으로 걸으며 몇 차례 연습한 후, 전체 카드 한 벌을 암기하는 도전에 나섰다. 이러한 확고한 전략이 인생의 커다란 도전을 성공으로 이끌어주었을까? 물론이다! 나는 10분 만에 아무런 실수 없이 52장의 카드를 모두 기억해냈다. 이때 처음으로 카벨로의 2분 59초에 도전해도 되겠다는 생각이 들었다. 그건 단지 시간 문제에 불과했다.

♥♣♠♦

앞선 여행의 잔상 몰아내기

하지만 나의 암기 방법은 단 한 번의 시도에만 완벽했다. 너무도 강력해 뇌리에 잔상을 남긴 몇몇 연상들이 다음 시도로 넘어가자 유령 같은 이미지들로 살아나 새 연상들과 겹쳐졌다. 게다가 그 이미지와 장면이 서로 맞아떨어지는 바람에 머릿속은 무척이나 혼란스러워졌다. 이에 대한 해답은 간단했다. 내게 하나 이상의 여행이 필요했다. 나는 장소들을 교대로 순환시켜 모두 여섯 개의 여행을 고안했다. 이후, 여섯 번의 여행을 끝내고 처음 사용한 여행으로 돌아왔을 즈음에는 지난번에 암기했던 카드들의 기억이 충분히 희미해져 있었다.

나 자신이 각 단계를 어려움 없이 기억하기 위해서는 이런 다양한 여행 설정이 될 수 있는 한 친숙하고 자극적이며 흥미로워야 했다. 내가 사는 마을과 그곳의 집들주변 경로가 논리적이기만 하다면 실내 여행도 아주 효과적이다 외에, 두 가지 골프 코스를 넣었는데 골프를 좋아하는 나에게는 자연스러운 수순이었다.

시행착오를 거치는 동안 제대로 작동하지 않는 경로들은 자연스럽게 걸러졌다. 예를 들어 경로를 따라 이어지는 단계들이 지나치게 획일적일 경우 기억하기가 쉽지 않았다. 언젠가 한 동네에 52개의 상점들로 구성된 여행을 고안했고, 곧 실패했다. 상점들의 순서를 기억하는 일 자체도 어려웠던 데다가 마음의 눈으로 그들을 구별하는 데에도 애를 먹었던 것이다. 나는 단계와 나 사이의 상호 작용에 따른 다양성과 대비가 성공적인 여행의 열쇠라고 빠르게 결론지었다. 일반적으로 마을 주변의 경로를 기본으로 삼으면, 정지 지점이나 그 주변에서 좀 더 다양하게 움직일 수 있었다.

그리하여 나는 건물의 안팎을 여행하고, 벽을 넘거나 개울과 강을 건너기도 하며, 공중전화 박스에 불쑥 들어가거나 식당에서 메뉴를 보려고 잠시 멈추었다가 동상을 살펴보러 가기도 한다. 여행은 흥미로우며 크게 노력하지 않고도 마음속에 쉽게 각인된다. 일단 몇 차례에 걸쳐 경로를 끝내고 나면 기억을 위해 다시 돌이켜볼 필요가 없다. 내 마음속의 자동 조종 장치를 타고 그곳을 걸어가며 정보를 연결할 고리들을 제공받을 수 있기 때문이다.

사람들은 종종 주변 풍경의 변화를 고려해 경로를 정기적으로 업데이트하는지 묻는다. 대답은 "아니요"이다. 일단 경로들이 설치되고 나면 자동으로 단계와 단계 사이를 이동하도록 안내할 단서들이 제공되기 시작한다. 업데이트는 그것을 방해할 수 있다. 사실 나는 오래된 경로를 다시 방문하는 것을 가능한 피하려 한다. 상점들이 판매 상품을 바꾸었거나, 집들이 허물어졌거나, 공중전화 박스가 사라졌는지를 알고 싶은 마음이 없기 때문이다. 나는 그저 과거 모습 그대로의 경로를 기억하고 사용하는 편을 선호한다.

♥♣♠♦

사물보단 사람으로 설정하기

나의 시스템에는 완전하지 않은 요소가 하나 있었다. 자꾸 깜박하는 카드 코드들이 몇 가지 있다는 것이다. 고민 끝에 나는 사물보다는 사람을 연상시키는 카드가 기억하기에 더 쉽다는 사실을 깨달았다. 사람들은 내 여행의 정지 지점과 상호작용할 수 있으며, 추상적인 장면들을 재난이나 즐거움, 떠들썩함 같은 무언가로 만드는 감각과 감정을 갖고 있다. 기억에 감정을 불어넣으면 대상은 즉시 기억에 남을 무언가로 바뀐다. 나는 이제 모든 카드 코드를 사람또는 몇몇 좋아하는 동물으로 바꿀 때가 되었다고 생각했다.

스페이드 3을 기억하는가? 처음에 숲이었다가 통나무가 되었던 이 카드의 코드는 최종적으로 내게 벽난로에 쓸 통나무를 공급해준 '맬컴'이 되었다. 한때 비행기였던 다이아몬드 6은 항공사에서 일하는 친구인 '팀'이 되었다. 나는 기억에 영원한 인상을 남길 인물 목록이 완성될 때까지 열정적으로 코드를 수정했다.

그들 모두가 나와 알고 지낸 사람들은 아니었다. 목록에는 유명인도 포함되었다. 하트 3은 트리오 가수 베벌리 시스터스이고, 클럽 K는 더 이상 잭 니클라우스가 아니라 히틀러클럽은 내게 침략자를 떠올리게 한다이다.

30년이 지난 지금, 나의 '잊을 수 없는 카드 인물 목록'은 완전히 자리를 잡았고, 코드가 바뀌는 일 또한 거의 없다. 지금까지 단 한 번도 변경한 적이 없는 아주 특별한 카드도 있다. 클럽 5는 여전히 나의 사랑스러운 개를 의미한다.

AMAZING MEMORY 03

여행법 실전 연습 : 익숙한 곳을 이용하라

어제 했던 모든 일을 자세히 기억해야 한다면 당신은 어떻게 하겠는가? 나와 비슷한 사람이라면 하루가 시작된 곳에서 출발해 자신이 무엇을 했는지 떠올릴 수 있을 만한 각각의 위치를장소를 거닐 것이다. 누군가 어제 점심으로 무엇을 먹었는지 묻는다면 점심 식사를 하던 현장의 이미지를 떠올려보는 식으로 말이다. 그곳은 당신의 집 식탁일 수도 있고, 직장 또는 카페나 식당이었을 수도 있다. 이동 중이었다면 걸으면서 음식을 먹을 만한 주변의 어느 곳을 지나는 자신의 모습을 떠올릴 수 있을 것이다.

요컨대 그곳이 어디든 당신은 그 기준점을 통해 과거로 돌아가 자신이 먹은 음식을 떠올릴 수 있다.

장소는 우리의 기억을 위한 구심점을 제공한다. 또한 시간 사이사이에 우리의 움직임을 표시하는 기준점이기도 한다. 만일 장소가 존재하지 않는다면 우리의 사고 과정과 기억은 훨씬 혼란스럽고 무작위적이며 회복 불가능한 상태가 될 것이다.

- 만일 삶에 대한 전체적인 개요를 보여달라는 요청을 받는다면?

→ 지금껏 살았던 다양한 도시와 마을을 통과하는 여행을 계획할 것이다.

- 교육을 받았던 경험을 정리하기 위해서는?

→ 먼저 내가 다닌 학교들의 이미지를 기억해낼 것이다.

- 직업에 관해서라면?

→ 맞다. 지금껏 일한 각각의 건물에 있는 나의 모습을 떠올리는 것으로 시작할 것이다.

효율이 높은 기억력을 개발하는 핵심 요소 세 가지는 '연상, 위치장소, 상상'이다. 크레이턴 카벨로가 텔레비전에 나와 카드 한 벌을 암기하는 모습을 보면서 스스로 도전 과제를 정한 이래, 나는 여행법을 고안하고서야 비로소 그때 정한 도전 과제를 푸는 궁극적인 해결책에 도달했다.

♥♣♠♦

오래전부터 '장소법' 시스템이 존재했다?

카드 암기를 위한 다양한 시도 끝에 여행법이 암기의 가장 효과적인 방법이라는 결론에 도달했다. 당시 나는 스스로 새로운 시스템을 개발했다고 생각했지만, 몇 년 후 이 방법이 수천 년이나 되었다는 사실을 알고 충격을 받았다!

전 세계적으로 우리 조상들은 미래 세대들에게 관습과 문화를 전달하기 위한 이야기를 들려주었다. 고대 그리스에서는 글을 쓰기 위해 파피루스를 사용했는데, 공급량이 부족했던 탓에 한정된 파피루스에 최대한 많은 정보를 적어야만 했다. 이에 사람들은 하나의 비망록으로 '장소법'을 사용해왔다. 과연 그들은 어떻게 그런 시스템을 개발했을까?

고대 그리스 시인 시모니데스기원전 556년경~기원전 468년경는 전쟁의 승리를 자축하는 궁중 연회에 참석했다. 그는 자신을 찾아온 두 젊은이를 만나려고 잠시 궁전 밖으로 나갔지만, 찾지 못해 다시 연회장으로 발길을 돌리게 되었다. 그런데 갑자기 지진이 일어나 연회장이 무너져 내리면서 안에 있던 사람들은 모두 죽고 그만 간신히

목숨을 구하는 사태가 벌어졌다. 이후 시모니데스는 식사를 함께한 사람들의 신원을 확인해달라는 요청을 받았다. 이에 그는 식탁에서 누가 어디에 앉았는지를 떠올림으로써 신원 확인에 협조했고, 역사가들은 이것이 기억 체계인 장소법의 탄생이라고 주장한다. 그때부터 고대 그리스의 연설자들은 올바른 순서로 이야기를 상기하기 위해, 마음의 경로를 따라 특정 장소에 이야기 요소들을 배치하기 시작했다는 것이다.

내가 여행법을 처음 사용한 사람이 아니었다는 사실은 충격적이었지만, 비슷한 시스템을 고대 그리스인들이 사용했을지라도 내가 황금을 발견했다는 점에는 변함이 없었다.

♥♣♠♦

침실에서 주방까지

지금까지 내가 카드 한 벌을 암기하기 위해 어떻게 여행법을 사용했는지 이야기했다. 여기서는 당신이 스스로 여행법을 사용할 수 있도록 총 7단계의 짧은 '집 안 여행'을 소개하려 한다. 이는 내가 물품 목록을 암기하는 데 사용하는 방법으로, 이 사고과정을 함께 하다보면 여행법의 구체적인 사용법을 이해할 수 있을 것이다.

'집 안 여행'의 첫 7단계는 다음과 같다.

1단계 : 침실 창문

2단계 : 침대 협탁

3단계 : 침대에서 내려서기

4단계 : 욕실

5단계 : 수건장

6단계 : 거실

7단계 : 주방

우선 논리적인 단계들을 따라 여행하는 자신의 모습을 떠올려 보라. 이 경로가 당신의 집과 정확히 일치하지 않아도 된다. 나중에 당신의 집에 맞게 적절히 수정할 수 있다. 지금은 단지 마음의 눈을 통해 앞뒤로 자연스럽게 걸어갈 수 있도록 현재의 경로를 익히는 데만 집중한다. 이윽고 할 수 있겠다는 확신이 생기면, 일곱 가지 목록을 기억할 연결 고리로 그곳을 활용할 준비가 된 것이다.

앞서 나는 사물보다 사람이 여행 단계에서 기억되기 쉽다고 말했다. 그러나 사물은 당신이 여행법에 익숙해지는 동안 훌륭한 시험 사례들을 제공해준다당신은 쇼핑 목록이나 생일날 받고 싶은 선물들을 더 기억하고 싶을 것이다.

이상하게 들릴지 모르지만, 본 연습을 항목들을 외우려고 노력하는 차원에서 행해서는 안 된다. 여행법의 온전한 마법은 사실상 힘들이지 않을 때 이루어지기 때문에 지나치게 열심히 하지 않아도 된다. 친숙한 여정을 따라 연상을 만들어내는 강력한 상상력과 기술이, 무의식적으로 원래 순서에 맞게 항목들을 다시 기억하게 해 줄 것이다. 첫 번째 연상을 붙잡아야 한다는 사실을 기억하라. 가장 먼저 떠오른 연상이야말로 되살아날 확률이 가장 높다. 여행을 함께할 목록은 다음과 같다.

깃털 / 티스푼 / 접이의자 / 달팽이 / 우산 / 장미 / 해먹

♥♣♠♦

1단계 : 침실 창문 / 깃털

내 마음속에서 샘솟는 이미지는 천천히 침실 창문을 지나 지그재그로 내려가는 하얀색 깃털이다. 이 이미지를 고정하려면 상상하는 내용을 이해하려고 노력해야 한다. 깃털이 날아다니는 이유를 논리적으로 생각해보라. 아마도 새의 몸에서 빠져 떨어졌거나, 바람이 깃털을 새 둥지에서 지붕의 홈통으로 날려보냈거나, 아니면 당신의 이불이나 베개에서 빠져나온 깃털이 창문을 통해 밖으로 나가 날아다니는 것일 수도 있다. 가장 자연스럽고 논리적인 느낌을 주는 연상을 선택하라.

♥♣♠♦

2단계: 침대 협탁 / 티스푼

나는 침대 협탁에 놓인 티스푼을 본다. 이는 너무 직접적인 이미지이므로 기억에 고정하기 위해서는 티스푼이 왜 그곳에 있는지 물어야 한다. 티스푼은 아침에 차를 마신 뒤 남겨졌는가? 간밤에 약을 복용하면서 놓아두었는가?

연상을 강화하기 위해 감각을 사용하는 것은 중요하다고 언급했다. 나는 티스푼을 핥았다고 상상했다. 티스푼에 남은 맛이, 티스푼이 협탁에 놓인 이유와 사용처에 대한 단서를 제공해주기를 원한다. 나는 대개 시나리오에 완전히 몰입하는 편이다.

♥♣♠♦

3단계: 침대에서 내려서기 / 접이의자

침대에서 내려선 나는 앞을 가로막은 의자 하나를 발견한다. 여기에는 감각을 사용할 많은 기회가 존재한다. 의자의 색깔은 무엇인가? 나무인가, 금속인가, 매끄러운가, 아니면 거친가? 의자 주위를 돌아서 가야 하는가, 방해가 안 되도록 들어서 옮겨야 하는가? 나는 누가 왜 의자를 여기에 두었는지도 나 자신에게 물어본다. 그들은 의자를 다시 다락방에 옮겨 놓기를 기다리고 있는가? 혹시 아이가 갖고 놀려고 위층에서 가져왔는가? 의자 옆으로 비켜서거나 의자를 접는 자신의 모습을 보라.

당신은 마음이 만든 영화에 나오는 배우라는 사실을 명심하고 자연스럽게 행동해야 한다. 감정을 사용해 장면을 보다 현실감 있게 만든다면 더욱 좋다아마도 당신은 장애물 때문에 조금 동요하거나 낙담할 것이다. 앞서 말했듯 당신 자신이 상상 속 동작에 완전히 동화하면, 뇌가 실제로 일어난 일이라고 속을 가능성이 더욱 높아진다.

♥♣♠♦

4단계 : 욕실 / 달팽이

명확한 논리를 찾기가 어려운 이 단계에서는 작은 문제들이 발생한다. 이는 곧 1장 'AMAZING MEMORY 07'에서 훈련한 연결법을 사용할 때가 되었다는 의미다. 욕조, 벽, 세면대 위에서 기어다니는 달팽이들이 보이는가? 아니면 바닥 타일을 가로지르며 점액질을 남기는 달팽이 한 마리가 보이는가? 혹시 한 마리뿐이긴 해도 엄청나게 큰가? 나는 과장된 크기가 논리를 방해하고 불필요하게 뇌의 작업량을 증가시킨다는 점을 알았다. 그래서 좀 더 믿을 만한 무언가점액질 흔적 같은를 다시 찾는다.

♥♣♠♦

5단계 : 수건장 / 우산

여행에 등장하는 찬장들은 무조건 열 수 있어야만 한다! 나는 수건장 문을 당겨서 열고 선홍색 우산이 떨어지는 것을 보는 상상을 한다. 색깔은 연상을 더욱 선명하게 만들기 때문에 암기 과정에서 중요한 부분을 차지한다. 나는 또한 우산이 덜컹, 하는 소리를 내며 바닥에 떨어질 때 소리가 크게 나도록 상상한다. 애초에 왜 수건장에 우산이 있었는가? 우산은 펼쳐져 있는가, 접혀져 있는가? 작고 아담한 우산인가, 긴 손잡이가 달린 장우산인가? 우산 주인은 누구인가? 당신은 우산을 수건장에 다시 집어넣기 위해 그것을 들어올렸는가?

♥♣♠♦

6단계 : 거실 / 장미

거실 가득 향기로운 장미 향이 난다. 커피 테이블 위에는 밝은 노란색 꽃이 가득한 꽃병이 있다. 꽃의 색깔은 당신이 원하는 대로 만들 수 있다. 나는 행복을 뜻하는 노란색을 선택했다. 어쩌면 그 행복은 장미를 받은 상대가 느낀 감정일지 모른다. 그는 장미꽃을 왜 받았을까? 생일을 축하하는 선물이었던 걸까?

♥♣♠♦

7단계: 주방 / 해먹

나는 연상에서 뚜렷한 의미를 찾을 수 없을 때면 장면 속에 나 자신을 집어넣는다. 나는 주방 찬장 손잡이 사이에 매달린 해먹을 떠올린다. 그것은 뒷문으로 가는 통로를 막고 있다. 나는 해먹에 몸을 던지고 좌우로 흔들거리다 냉장고에 몸을 부딪친다.

여행은 끝났고, 이제 당신은 다음 질문에 쉽게 대답할 수 있을 것이다. 스스로 해답을 얻을 때까지 머릿속 장면들을 재생해보면 된다.

- 화장실에 있는 것은 무엇인가?
- 장미는 어디에 있는가?
- 목록의 넷째 항목은 무엇인가?
- 깃털과 달팽이 사이에 어떤 항목이 있는가?
- 일곱 가지 항목 모두를 순서대로 나열할 수 있는가?

이제 다음에 나오는 본격적인 훈련을 해본 다음 결론으로 넘어가자.

♥♣ MEMORY TRAINING
♠♦ 06

당신의 첫 번째 기억 여행

이제 여행법을 직접 테스트해볼 시간이다. 스스로 만든 연상이 내가 만들어주는 것보다 훨씬 강력하므로 이번에는 아이디어를 제공하지 않겠다. 단계를 따라 진행하되, 늘 강조하듯 머릿속에 떠오르는 최초의 연상을 편집하지 말라. 단지 그 첫 연상을 모든 감각을 동원해 가능한 한 생생하게 만들면 된다.

1.

집을 중심으로 12단계로 구성된 경로를 작성한다. 실내로 부족하면 마당을 통과하고 길을 따라가며 여행을 확장한다. 이때 경로는 논리적이어야 한다. 예를 들어 1단계 침실, 2단계 주방, 3단계 침실에 딸린 욕실로 만들어서는 안 된다. 일단 방을 떠난 후에는 다시 돌아가지 않도록 주의하자. 단계들을 목록으로 적어보면 여행 계획을 세우는 데 도움이 된다. 1987년 처음으로 나만의 경로를 개발했을 때의 나 역시 그렇게 했다.

2.

일부러 떠올리지 않고도 정방향과 역방향이 생각날 때까지 마음속 여행을 반복한다. 도움이 될 것 같으면 실제로 걸어서 여행 지역을 몇 차례 돌아보는 방법도 괜찮다.

3.

당신의 여행에 대해 속속들이 안다는 확신이 들면 다음 12개 항목을 올바른 순서로 외우는 여행법을 시도해보자. 당신의 생생한 상상력이 한껏 발휘되게 하되, 반드시 논리와 창조력, 감각과 감정을 활용해야 한다. 암기 도중에 목록을 다시 확인함으로써 기억을 환기하고픈 유혹은 과감히 떨쳐내야 한다. 마음의 힘을 믿자. 여행이 항목과 순서들을 기억하게 해주리라는 사실을 의심해선 안 된다. 시간은 필요한 만큼 사용해도 되지만, 대체로 몇 분이면 충분하다.

케이크, 말, 신문, 주전자, 채찍, 대포
바나나, 전화, 엘비스 프레슬리, 망원경, 초인종, 커피

4.
목록을 가리고 기억하는 항목들을 순서에 맞게 적어보자. 어떤 항목은 다른 것보다 쉽게 외워질 것이다아마 엘비스 프레슬리가 그중 하나일 것이다. 앞서 내가 사물보다 사람일 때 효과가 훨씬 크다고 한 이야기를 기억하는가? 이게 바로 내가 모든 카드의 코드를 사람으로 바꾼 이유다. 아홉 개 이상을 맞혔다면 매우 우수한 성적이다.

5.
실행 방법의 완벽함을 증명해줄 다음 문제에 답해보자.

- 엘비스 프레슬리와 초인종 사이에 있는 항목은 무엇인가?
- 목록의 세 번째 항목은 무엇인가?
- 대포는 몇 번째인가?
- 바나나 다음은 어떤 항목인가?
- 얼마나 많은 항목을 역순으로 정확하게 기억하는가?

역방향으로 항목들을 기억하기란 쉽지 않다. 12개 항목 모두를 정확하게 역방향으로 기억한다면 정말로 축하할 일이다. 물론 그러지 못했더라도 걱정할 필요는 없다. 연습할수록 점점 더 쉬워질 테니까 말이다.

결론 : 마법의 신비가 풀리다

마지막으로 질문이 하나 있다. 뇌의 좌우 반구가 지닌 기능 중, 이번 훈련 및 연습을 위해 당신이 사용한 기능은 어떤 것들이 있을까? 당신은 얼마나 많은 감각을 사용했을까? 대답은 '엄청 많이!'다. 좌뇌 덕분에 순서, 논리, 언어, 분석, 산술을 사용했다. 한편 우뇌는 상상력, 색상, 차원사물의 크기와 모양, 공간 인식위치와 장소 감각을 제공해주었다. 당신의 감각은 맛, 촉감, 시각, 냄새, 소리를 알려주었다. 당신의 두뇌의 양쪽 반구와 감각은 모두 조화를 이루어 작용했다.

당신은 처음으로 자신만의 여행을 고안해 내가 제시한 항목들의 목록을 기억하는 작업을 했다. 따라서 위 훈련은 이 책에서 가장 중요한 부분이다. 당신에게 내가 알고 있거나, 생각했거나, 발견한 여행법 모두를 말해주는 것은 어렵지 않다. 하지만 당신만의 여행을 고안하고 스스로 사용할 때까지 그것은 단지 추상적인 원칙일 뿐이다. 매일매일 일상에서 암기할 수 있는 능력과는 관련이 없다는 말이다. 그러나 이제 당신은 내가 지금까지 설명하고자 한 모든 것을 통합해, 여행법이라는 마법을 스스로 알아갈 수 있다.

AMAZING MEMORY 04

여행법의 과학적 근거들

나는 지금까지 여행법과 관련한 모든 내용이 당신이 실제로 가본 장소들을 이용함으로써 좋은 결과를 얻기를 기대하고 있다. 그렇다면 이 방법에는 과학적인 근거가 있을까? 단순히 여행 자체를 반복하는 것만으로 정말 기억력이 향상될까? 왜 실제 경험을 반영한 여행만이 그토록 효과적인 것일까?

2002년, 나는 아홉 명의 '우수한 암기술사'들과 함께 런던의 신경학 연구소에서 실시한 연구에 참여했다. 연구의 목적은 인간이 정보를 암기할 때 뇌에서 어떤 일이 일어나는지 알아보는 것이었다. 우리는 한 사람씩 FMRI 장치로 뇌 스캔을 받았다. 그것은 우리의 뇌 구조에서 비정상적이거나 불규칙적인 것을 찾기 위해서였고, 우리가 정보를 기억할 때 어떤 일이 일어나는지 알아보기 위한 것이었다. 우리는 암기 기술에 대한 지식이 전혀 없는 대조군과 비교되어 측정되고 조사되었다.

조사 후 연구소는 우리의 뇌에 천재성 같은 것은 전혀 존재하지 않으며, 모든 '우수한 암기술사'는 구조적으로는 일반 사람들과 같은 뇌를 가졌다고 결론지었다. 한편으론 나 같은 연상 기억 전문가들이 정보를 암기할 때 '공간 학습 전략'을 사용한다는 사실도 확인시켜주었다. 다시 말해, 우리가 공간 기억과 관련해 특히 중요한 뇌의 영역인 '해마'를 사용한다는 의미다뇌에는 해마가 두 개 있는데, 언어를 사용할 때 우리는 그들이 하나인 것처럼 양쪽을 함께 참조하는 경향이 있다. 우리 모두는 방이든 건물이든 공원이든 도시든 자신이 있는 위치를 확인하고, 주변 환경에 관한 정보를 기록하기 위해 해마를 사용한다. 요컨대 해마는 우리가 길을 잃지 않게 도와주는 역할을 한다. 이에 대한 과학적인 증거는 여행법의 효과를 더욱 쉽게 이해할 수 있게 해준다.

나는 수백 개의 단어나 숫자, 카드를 암기할 때면 친숙한 골프코스, 휴일을 보내는 곳, 우리 동네, 친구들의 집과 정원, 좋아하는 산책로를 돌아다닌다. 그럴 때마다 나의 해마 영역은 활성화됨으로써 점점 더 강해지고, 결과적으로 나의 전체적인 기억력은 향상된다. 인간의 신체에 관한 어느 연구에 따르면, 도시 전역에 걸친 약 500개에 달하는 도로 정보를 익히는 데 보통 3년이 걸리는 런던 택시 기사들의 해마 영역은 다른 일반인들보다 조금 더 크다고 한다. 경험 많은 운전자일수록 더 큰 해마를 갖고 있었다. 그것은 몇 시간씩 길을 찾아 돌아다녀야 하는 업무 특징이 보여주는 직접적인 결과다. 이는 지방이 없는 탄탄한 복부를 원할 경우 규칙적으로 복근을 단련해야 하는 원리와 같다.

♥♣♠♦

장소감과 일화 기억

주방과 같이 내게 아주 익숙한 장소에 서 있을 때, 나는 수많은 개인적인 기억을 추가함으로써 그곳을 여러 가지 다른 방식으로 인식할 수 있다. 내가 생각해내는 특정한 기억에 따라 방이 완전히 다르게 보일 수도 있다. 당신이 지금 수년 이상 익숙해진 장소에 머물고 있다면, 주위를 한번 둘러보라. 그리고 지금과 같은 장소에 있되 더 어렸던 자신을 떠올려보라. 오늘이 아닌 다른 날의 자신을 떠올려도 된다. 어떤가? 같은 공간이 다르게 느껴지는가?

특정 기억과 관련 지어 떠올려보면, 장소 자체가 해당 기억의 분위기에 따라 달라 보인다. 이런 '장소감'은 우리의 공간 인식뿐 아니라 일화 기억, 즉 우리가 겪은 사건들을 기록하는 기억의 일부에 묶여 있다. 우리의 일화 기억은 내면의 자서전과 같다. 어떤 장소가 자신에 대한 이야기의 한 대목또는 여러 대목을 갖고 있을 때, 그 기억 자체와 그것이 가진 기억 도구로서의 효능은 매우 강력하다.

한창 연구에 몰두하던 시절, 나는 특정 장소에 대해 이런 방식으로 연결을 시도해볼 수 있지 않을까 생각했다. 그래서 게임 소프트웨어의 도움을 받아 가상현실 세계를 이용해 정보 기억이 가능한 경로를 개발하려는 실험을 했다. 심지어 기억력 챔피언십에서도 그 경로를 사용해 보았다. 그 결과, 비록 장소감을 얻을 수는 있다 하더라도 가상 여행은 실제 여행만큼 효과적이지 않았다. 그것은 나의 뇌를 완전히 납득시키기에는 부족했다.

결론은 간단했다. 가장 성공적인 경로는 풍부한 일화 기억을 다루면서 공간적인 방향 또한 확실하게 제공하는 경로였다. 다른 말로 하면, 대개 가장 익숙한 장소가 여행법을 위한 최고의 여행을 제공했다.

이동이 가능한 여행 경로 짜기

나는 나 자신이 건물의 안과 밖을 모두 이동할 수 있는 형태로 여행법의 경로를 조정하려고 노력한다. 건물을 들락거리는 자연스러운 흐름이 주의력을 유지하는 데 도움이 된다는 사실을 발견했기 때문이다. 따라서 여행의 각 단계들은 신선함을 주기 위해 건물의 안팎으로 배치된다. 이러한 규칙적인 변화는 집중력 상실이나 방심을 막아줄 수 있는 작은 충격 내지 자극제와 같은 역할을 한다.

예컨대 내가 살던 마을의 우리 집 정문에서 시작되는 여행 중에 실을 따라 여러 상점을 방문한다고 하자. 여행사에 들어섰을 때 내 얼굴에서는 따뜻하고 다소 답답한 공기가 느껴지지만, 다시 건물 밖으로 나가는 상상을 하자마자 얼굴에 신선한 공기가 느껴지고, 마치 현실 세계에 있는 것처럼 정신이 깨어나는 느낌을 받는다. 다시 말하지만 이는 내가 상상하는 일이 실제로 내게 일어난 것처럼 믿게 만들기 위해 두뇌를 속이는 아이디어의 일부다.

♥♣♠♦

폰 레스토프 효과와 여행법

그러나 장소감이 여행법을 작동시키는 유일한 방법은 아니다. 그 효과 또한 우리가 각 여행에 이미지를 더하는 방식과 밀접한 관련성이 있다. 1933년 독일의 심리학자 헤트비히 폰 레스토프는 무엇이 대상을 기억에 남게 하는지 확인하기 위해 몇 가지 실험을 했다. 그녀가 내린 결론은 회상을 위한 강력한 기준은 '개성'이었다. 혼자만 다른 모양, 크기, 색깔을 지니고 있거나 그 외에 특징이 있어 눈에 잘 띈다면 그것은 더 쉽게 기억에 남았다.

붉은 양귀비 밭에서는 해바라기 한 송이가 기억에 남을 것이고, 검은색 넥타이를 맨 사람들로 가득한 방에서는 흰색 넥타이를 맨 사람이 기억에 남는다. 이런 효과는 현실뿐 아니라 추상적인 사고에서도 작용한다. 예를 들어 랜턴, 물고기, 시계, 귀, 꽃병, 조니 뎁, 자동차, 목걸이, 손수레, 가방, 보트, 망치, 숟가락으로 된 목록에서 눈에 띄는 항목은 단연 조니 뎁이다. 그가 유명인이어서가 아니라 무생물만 있는 목록에서 유일한 사람이기 때문이다.

폰 레스토프 효과는 여행법의 강력함을 보여주는 또 다른 방증이기도 하다. 여행법에서 암기 목록의 모든 항목은 장소와의 연상에 따라 비교적 예외적이거나 통상적이지 않은 형태로 만들어지기 때문이다. 예를 들어 '보트'라는 항목이 해당 지역의 위령비를 나타내는 여행 단계와 일치한다고 하자. 나는 거대한 전함보트와 전쟁기념관 사이의 논리적 연결을 만들어준다이 위령비 꼭대기에서 균형을 잡고 있는 모습을 상상하는데, 그 불안정하고 흔들리는 모습 때문에 그것이 붕괴될까 봐 염려한다. '보트' 항목이 이런 식으로 예외적인 것이 되면, 폰 레스토프 효과에 따라 더욱 기억에 남을 만한 것이 된다.

요컨대 겉으로 보기에 목록이 지루하거나 획일적으로 보이는지는 문제가 되지 않는다. 여행법을 사용하면 그 항목들은 얼마든지 기억하기 쉬운 대상들로 변환될 수 있다.

AMAZING MEMORY 05

'기억 여행 은행' 만들기

나는 스스로를 강박적인 성격이라고 생각한다. 여행법 덕분에 크레이턴 카벨로처럼 카드 한 벌을 암기할 수 있게 된 후, 기네스북에서 크레이턴 카벨로의 이름과 함께 그가 여섯 벌의 카드를 암기했다는 설명을 보게 되었다. 그가 카드 한 벌을 암기한 위업에 도전해 성공한 나라면, 마찬가지로 여섯 벌 혹은 그 이상을 암기하고 내 이름이 여러 인쇄물에 등장하게 만들 수 있을 것은 분명했다.

다시 말해, 여행법을 만든 이상 나는 카벨로의 기록을 확실히 깨기 전까지는 쉬지 않고 연구를 거듭할 생각이었다. 카드 여러 벌을 암기하기 위해 내가 해야 할 일은, 바로 사용하는 경로의 수를 늘리는 것이었다. 섞은 카드 여섯 벌을 외우려면 52단계로 구성된 여섯 개의 경로가 필요했다. 그쯤이야!

나는 골프 코스 세 곳, 어린 시절의 집 두 곳, 한때 일했던 이스트서식스의 헤이스팅스 마을 주변으로 경로를 완성할 수 있었다만일 당신이 골프를 하지 않는다면, 세 곳의 골프 코스가 어떻게 암기를 위한 훌륭한 경로를 제공할 만큼 뚜렷하게 구분이 가는지 의아할지도 모르겠다. 각각의 골프 코스는 특이한 정지 지점과 기복을 가지기 때문에, 앞에서 언급했듯 그것들을 충분히 활용할 수만 있다면 각각의 지점들은 놀라울 정도의 독특함을 제공한다. 그리고 여섯 벌의 카드를 실수 없이 기억하기 위해 그 경로들을 활용했다.

최고가 될 수 있다는 사실을 스스로에게 증명하는 일과는 별도로 세계기록 등재를 목표로 반복해서 시스템을 정비해나가던 중, 나는 기억력 분야에서 위대한 업적을 달성하기 위해서는 마음대로 꺼내 쓸 수 있는 '여행 은행'이 반드시 필요하다는 사실을 알았다. 수년에 걸쳐 나는 여행법을 다듬고 완성했을 뿐 아니라, 한편으로는 내가 사용하는 경로들을 여행 은행에 추가해나갔다.

초창기에는, 그러니까 시스템을 개발하는 동안 그리고 세계 기억력 챔피언십에서 경쟁했던 몇 년 동안은 단지 1년에 몇 개 정도의 새로운 경로를 추가할 뿐이었다. 그러다 경기를 잠시 쉬게 된 이후부터는 반복적으로 사용할 수 있는 52단계로 구성된 70개의 경로를 수집하게 되었다. 그중 일부는 대회에서 엄청난 양의 데이터를 암기하는 데 사용할 목적으로 따로 지정해두었으며, 또 다른 몇 가지는 해야 할 일 목록이나 프레젠테이션의 핵심 요점 같은 특정한 업무를 위해 저장해두었다.

내가 선별한 장소들을 간략히 소개해보겠다. 상위 20개의 경로, 즉 내가 가장 잘 알고 있고 암기에 가장 성공적이었던 경로들은 세 곳의 골프 코스, 여섯 채의 집, 다섯 개의 호텔, 세 개의 도시, 두 개의 학교와 교회 한 곳이다. 모두 내가 잘 아는 장소들이며, 이미 내 마음속에는 각각의 장소에 대한 '기억 할당'이 되어 있다. 나는 이 경로들에 1~20까지의 번호를 매겼고, 그것을 특정한 암기를 위해 사용해야 할 때는 항상 1에서 20까지 동일한 순서대로 활용했다.

어떤 장소가 최고의 기억 여행을 만들어줄 것인지를 결정할 수 있는 엄격한 규칙 따위는 없다. 정보를 저장하기 위해 자신이 사용할 여행을 선택하는 것은 전적으로 개인적인 문제다. 다만 여기서는 '기억 여행 은행'을 성공적인 것으로 만드는 데 도움이 될 만한 몇 가지 팁을 소개하고자 한다.

♥♣♠♦

세계기록에 등재되기

한번은 '여행 은행'을 갖고 경기에 참여했음에도 세계기록에 등재되지 못한 적도 있었다. 1988년, 나는 내 이름을 기록에 등재하기 위한 첫 번째 시도를 했다. 당시 나는 무작위로 섞인 여섯 벌의 카드를 단 한 번만 보고 실수 없이 기억했다. 하지만 그해 말 동료였던 영국인 조너선 행콕이 일곱 벌의 카드를 외우면서 나를 뛰어넘었고, 결국 우승을 차지했다.

1989년 6월 11일에는 어느 때보다 절실한 마음으로 도전에 임했다. 나는 네 장을 틀리고 총 25벌의 카드를 외웠다. 하지만 그것만으로는 부족했던 모양이다. 마지막으로 나는 1990년 7월 22일에 마침내 해내고야 말았다. 35벌의 카드를 외우면서 단 두 번의 실수만 범했고, 당당히 기네스북 세계기록에 등재되는 데에 성공했다 1991년 판.

그해 기네스북 발매일은 휴일이었는데, 책을 구입하기 위해 아침부터 상점으로 달려갔던 기억이 난다. 그때 나의 흥분 상태는 최고조였다. 나는 이걸로 내 인생이 달라지리라 생각했다. 그러나 그보다 더 중요한 것은 인쇄물에 찍힌 내 이름을 통해 내가 학창 시절 늘 듣던 말과 달리 실제로는 '멍청하지 않다'는 것이 내 마음속에서 증명되었다는 사실이다. 넘치는 자신감과 결단력으로, 이 세상에서 내 기억력으로 성취하지 못할 일은 아무것도 없었다.

지금은 비록 그때의 기록이 깨졌지만, 기네스북에는 여전히 내가 세운 몇몇 기록들이 남아 있다. '카드 숫자 암기' 기록뿐 아니라 '암기 속도'로도 등재되어 있으니, 나의 기억 여행은 내게 있어 너무나도 중요한 제2의 천성이다. 나는 1996년 영국의 〈레코드 브레이커스〉라는 쇼에 출연해 38.29초 만에 카드 한 벌을 외웠고, 2002년 5월에는 54벌의 카드 숫자 암기로 카드 숫자 암기에 대한 현재의 세계기록을 보유하고 있다. 이는 각각의 카드를 단 한 번 확인한 후 여덟 번의 오류만을 범하고 얻은 결과다.

1. 속속들이 잘 아는 경로를 선택하라

친숙한 여행 경로는 암기해야 하는 항목에 집중할 수 있게 하고, 또한 암기 과정 몇 초를 단축할 수 있는 열쇠다그 덕분에 나는 암기 속도에 대한 기록까지 기네스북에 등재될 수 있었다. 개와 함께하는 숲속 산책, 전에 살던 집들, 몇 년째 살고 있는 도시와 동네 등… 이 모든 것이 완벽한 여행 소재를 제공한다.

나는 정방향으로든 역방향으로든 나의 여행에 대해 너무나 잘 알고 있기 때문에, 하나의 정지 지점에서 다음 지점으로 이동하는 과정은 거의 자동으로 진행된다. 여행 중에 마음속에 보이는 내 모습은, 한 걸음씩 발걸음을 옮겨 이동하는 것이 아니라 마치 슬라이드 쇼처럼 지나가는 스냅사진들 속을 여행하는 듯 보인다. 그러나 이런 일이 즉시 일어나리라고 기대하지는 말라. 출발할 때 당신은 '걸어서' 여행을 해야 한다. 그러다 나의 경우처럼 기억 여행이 당신에게도 제2의 천성이라는 사실을 알게 된다면, 어느새 한곳에서 다른 곳으로 순식간에 마법처럼 이동할 수도 있을 것이다.

2. 자신에게 의미 있는 경로를 선택하라

이는 첫 번째 팁과 연결되어 있지만, 따로 언급할 필요가 있을 정도로 매우 중요하다. 암기를 시작할 때 나는 여행의 첫 번째 정지 지점에 몇 초간 머무르며 현재 내가 있는 곳에 대한 감각을 일깨운다. 나는 주변 분위기를 흡수하고 그곳에서 느낀 감정을 다시 불러오기 위해 시간을 거슬러 올라간다. 실제로 나의 뇌를 속여 내가 바로 그곳에서 다시 존재하는 것처럼 믿게 한다.

현실처럼 행동할수록 기억이 고정될 가능성은 더욱 커진다. 당신 인생에서 의미가 있거나 과거에 추억이 깃든 장소로 구성된 여정은 풍부한 감정과 특별함을 제공하기 때문에, 성공적인 암기를 위한 최고의 여행이 된다. 내가 좋아하는 여행들의 많은 장소가 실제로 특별한 행복감을 느낀 곳으로 설정되어 있다.

3. 다양성을 제공하는 여행을 선택하라

정지 지점들은 저마다 그 자체로 다양하고 흥미로우며 서로 비슷하지 않아야 한다. 나는 종종 열차 여행이 훌륭한 기억 여행이 되리라 생각하는 학생들을 만난다. 하지만 일단 서너 개의 역에 정차하고 나면 경로 자체가 기억하기에 지나치게 복잡해질 수 있고, 시간이 조금 흐른 뒤에는 정차하는 역들이 유사하게 보일 가능성이 있다.

한번은 학생들에게 신문 각 면의 주요 기사들만 암기하는 도전 과제를 제시한 적이 있다. 학생들은 최초로 만든 자신의 경로들을 활용하며 첫 면에서 서너 개 이상의 머리기사를 기억하려고 애를 썼다. 이에 나는 더 재미있는 여행일수록 기억력이 향상된다는 사실을 보여주기로 했다. 우리는 어느 성城에서 수업을 하고 있었는데, 이는 흥미로운 정지 지점을 만들기 위한 환상적인 환경을 조성해주었다.

우리는 실제로 답사하듯 경로를 따라 걸으며 암기를 진행했다. 우선 강의실에서 첫 번째 머리기사에 대해 논의하고, 체스 세트가 놓인 탁자가 있는 방으로 이동해 두 번째 면을 검토했다. 식당에서는 학생들에게 세 번째 면의 사진과 기사 내용을 보여주었다. 여행은 우리를 성의 주변 지역으로 그리고 다시 정원으로 데려다주었으며, 각 단계마다 신문의 한 면씩을 검토해나갔다. 이러한 과정은 우리가 주차장에서 마지막 면을 검토하고 대화를 나눌 때까지 이어졌다. 마침내 강의실로 돌아온 뒤 참으로 기쁘게도, 학생들은 마음속 경로를 직접 걸어보는 방법을 통해 모든 면에 대해 하나 이상의 기사를 기억해냈다.

방에서 건물 안팎으로, 길을 지나고 강과 밭을 가로질러 진행되는 각각의 여행은 가능한 한 서로 구별되는 단계들을 갖고 있어야 한다. 경관의 변화 및 내부와 외부의 전환은 내가 항상 경계하고 집중할 수 있게 해줄 뿐 아니라, 현재의 위치에 안주하지 못하게 나를 이끌어준다.

4. 암기할 목록에 맞는 여행을 선택하라

나는 어떤 여행은 특정한 목록에 더 효과적이라는 사실을 발견했다. 예를 들어, 일반적으로 열린 공간이 많은 여행은 연설과 이름을 암기하기에 이상적이다. 연설문을 외울 때 나는 골프 코스를 활용한다. 개인에 따라 다를 수도 있지만 연설문의 경우 실외 장소를 사용하는 편이 덜 제한적이라고 느낀다. 그곳에는 연상한 이미지들그중 일부는 복잡하며, 암기할 인용구가 있는 경우처럼 한곳에서 다수의 연결을 필요로 하기도 한다을 둘 수 있는 공간이 많다.

마찬가지로 단 하나의 정보에 몇 명의 이름이 포함된 경우에도 여러 개의 이미지모두 하나의 정지 지점에 저장되어야 한다를 함께 연결해야 하기 때문에 좋아하는 시골길 산책로 중 하나를 사용한다. 여행의 각 정지 지점 주변에 여유 공간이 많다면, 제한적이거나 어색하고 비논리적인 느낌 없이 이미지들의 조합을 배치할 만한 공간이 있는 것과 같다.

그에 반해 카드를 암기할 때면 나는 카드 한 장당 하나의 이미지를 사용하고또는 카드 한 쌍에 하나의 이미지를 사용하는데 여기에 대해서는 나중에 설명하겠다, 숫자들의 경우 한 묶음에 하나의 이미지를 사용한다마찬가지로 나중에 다룰 예정이다. 따라서 카드와 숫자를 암기하는 데는 하나의 이미지를 한 곳에 부착할 수 있는 실내 환경에서 완벽하게 작동한다. 물론 이런 선택은 개인에 따라 다를 수 있기 때문에, 자신에게 가장 적합한 환경을 스스로 알게 될 것이다.

5. 유리한 위치를 제공하는 여행을 선택하라

여행할 때 나는 단계마다 내가 항상 사용하는 유리한 위치에 정확히 똑같이 서서 스냅숏을 살펴본다. 예컨대 나의 여행 중 하나에서 여행사의 정지 지점에 도착하면 나는 항상 벽에 붙은 광고를 보면서 문 안쪽에 서 있으며, 평면 교차로에 도착해서는 늘 교차로 중간에 서서 길을 올려다보고 있다. 나는 옷 가게의 창문을 들여다보지만, 옷을 고르기 위해 안으로 들어가지는 않는다.

매번 특정 여행을 사용할 때마다 바라보는 관점에 일관성을 유지하는 것은 단계간의 이동 과정에서 속도를 높이기 위해서다. 따라서 여행을 선택할 때는 각 단계가 효과적이고 직관적인 유리한 위치를 가지는 것이 중요하다. 그래야 해당 경로를 사용할 때마다 변화를 주고 싶은 마음이 들지 않을 것이다.

AMAZING MEMORY 06

처음 기억한 것들을 고정시키는 작업

나는 지금까지 앉은자리에서 바로 암기할 수 있는 방대한 항목들에 대해 많은 이야기를 했다 그런데 당신에게는 그것이 마치 암기를 수행하는 도중 머릿속에 기억된 내용이 무엇인지 확인하기 위해 되돌아가는 일 없이, 처음 한 번의 시도로 모두 가능한 것처럼 들릴지 모르겠다. 하지만 그렇게 간단하지 않다혹은 초인적인 것도 아니다. 기록 경신을 위한 시도를 할 때, 나는 내 머릿속이 일정 한계를 넘으면 처음 기억한 항목부터 조금씩 흐릿해지기 시작한다는 사실을 알았다. 따라서 검토할 시간을 갖는 것은 매우 중요하다.

자신이 기억해야 할 자료카드, 쇼핑 목록, 회의나 시험을 위한 정보를 검토할 수 있는 시간과 횟수가 어느 정도인지 아는 것은, 기억된 내용을 회상하는 마지막 단계에서 성공과 실패를 가르는 차이가 된다.

이에 대한 좋은 비유가 바로 서커스의 접시 돌리기다. 수행자는 수직의 막대 끝에 한 번에 하나씩 접시를 올려놓고 돌린다. 접시를 10개 정도 회전시키고 나면, 처음 두세 개가 흔들리기 시작한다. 수행자는 그 접시들을 확인하고 막대에 회전력을 더 실어준 다음 다시 제자리로 돌아가 작업을 계속하고, 결국 30개 이상의 접시가 동시에 회전하는 장관을 보여준다.

암기할 때도 비슷하다. 여러 벌의 카드, 숫자들, 사람들 이름 등에 대한 암기를 시작하면, 특정 시점에서당신은 여러 차례 시도와 실수를 통해 자신에게 해당하는 지점을 알게 될 것이다 처음 암기한 것들이 머릿속에서 흔들리기 시작한다. 이것이 바로 완벽하게 기억하기 위해 효과적인 검토 방법을 배워야 하는 이유다.

5의 규칙

많은 양의 정보를 제한 시간 안에 암기해야 할 때, 나는 기억을 고정시키기 위한 다섯 단계의 검토를 한다. 검토를 많이 할수록 기억력은 더 강해져 더 오래 기억할 수 있지만, 대회처럼 주어진 시간이 짧거나 혹은 실내에서 여러 사람의 이름을 재빨리 암기해야 한다면 최소 다섯 단계로 검토한다.

2002년 나는 무작위로 섞은 54벌의 카드를 암기해 기록을 달성했다. 때가 되면 100벌의 카드를 암기해 내 기록을 스스로 깨보려고 한다. 누군가 5,200장의 카드를 잘 섞은 다음 탁자 위에 앞면이 아래로 가게 뒤집어서 52장씩 100번 쌓아올려 분배하고, 나는 각각의 카드를 한 번씩만 보고 전체 순서를 암기하려고 시도할 것이다. 암기가 끝나면 그 순서를 회상한다. 엄격한 기네스북 세계기록 규칙에 따르면, 0.5퍼센트의 오차 범위만이 허용된다. 총 26장만 실수할 수 있다는 의미다.

마치 불가능한 도전처럼 들릴지는 몰라도, 실제로 한 벌에 해당하는 카드 52장에 대한 암기는 불가능과는 거리가 멀다. 나는 나의 시스템이 제대로 작동할 것이라 확신했다.

나는 잘 정비된 52단계 여행 100가지를 갖고 있고, 여행법을 사용해 여행의 각 단계마다 한 장의 카드를 놓고 순서대로 배열할 수 있으며, 모든 여행을 마치고 모든 카드를 암기할 때까지 그것을 잊지 않을 수 있기 때문이다요즘은 각 단계마다 두 장의 카드를 놓을 수 있는 '지름길 경로'를 사용하지만 이에 대해서는 나중에 다루겠다. 사실상 나의 성공 여부는 여행법을 적용할 수 있는 능력만이 아니라 검토 전략의 효율성, 즉 '5의 규칙'의 적용에 달려 있다.

1.

일단 52장으로 구성된 첫 번째 카드 더미약 3분 소요를 기억하고 나면, 나는 즉시 해당 순서에 대한 첫 번째 검토를 하는데 여기에는 약 30초가 소요된다. 이 도전은 한 번만 관찰하는 것이 전제이므로 카드를 재차 확인할 수는 없고, 마음속으로 경로를 다시 걷는 것으로 기억된 카드들을 검토한다. 나는 다음 네 개의 더미에 대해서도 똑같은 작업, 즉 암기와 검토를 수행한다.

2.

처음 다섯 더미를 암기하고 검토한 후에는 두 번째 검토를 시작한다. 이때는 다섯 개의 더미 전부에 대해 처음부터 끝까지 카드를 검토한다. 그 과정이 끝나면, 다음 다섯 개의 더미에 대해 같은 과정이 다시 시작된다. 즉 52장의 더미 각각에 대한 첫 번째 암기와 검토, 그리고 다섯 개 더미 전체에 대한 두 번째 검토를 이어서 진행해 나간다.

3.

전체의 4분의 1에 해당하는 25개의 카드 더미까지 암기와 두 단계의 검토를 모두 마치고 나면, 다섯 그룹에 대해 세 번째 검토를 시작한다. 이 검토는 순서대로 첫 번째 더미의 첫 번째 카드에서 시작해 25번째 더미의 마지막 카드에서 끝난다.

4.

다음 25개의 더미를 완료한 후 각각 처음 25개의 더미와 동일한 검토 과정을 거친다, 네 번째 검토를 시작한다. 이렇게 해서 마음속으로 50개의 더미로 구성된 모든 카드에 대한 검토를 진행할 수 있다. 이런 방식으로 단 한 번의 확인만으로 아무런 오류 없이 2,600장의 카드를 암기할 수 있으리라고 확신한다. 나머지 50개 더미에 대해서는 전체적인 실행을 다시 한 번 반복해서 수행하면 된다.

5.

마지막으로 카드 100벌을 전부 암기한 후 다섯 번째이자 마지막 검토를 수행한다. 다섯 번째 검토를 완료하면 5,200개의 카드를 모두 소환해 하나씩 차례로 생각해내고 암송한다. 각각의 카드에 대해 회상하고 암송하는 데만 약 여섯 시간이 걸릴 것으로 예상된다. 다음 표를 보면 카드 100벌에 대한 '5의 규칙'을 더욱 쉽게 이해할 수 있을 것이다.

• 카드 100벌에 대한 검토 전략 •

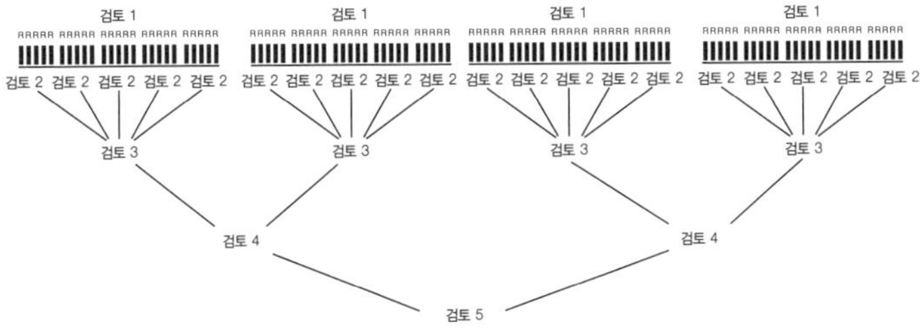

검토 1~5는 검토 단계를 나타낸다. 처음 다섯 더미의 카드에 대해, 각각의 더미에 속한 카드를 암기한 후 즉시 첫 번째 검토를 한다. 다섯 번째 더미에 대한 첫 번째 검토를 마친 후, 다섯 더미 모두에 대해 두 번째 검토를 실행한다. 그런 다음 계속해서 같은 방법으로 다음 다섯 더미를 암기 및 검토하고, 25번째 더미에 이를 때까지 첫 번째 및 두 번째 검토를 계속해간다. 25번째 더미에서 당신은 25×52장의 모든 카드에 대한 세 번째 검토를 수행한다. 이어서 다음 25개의 더미에 대해 동일한 절차를 수행한 다음 네 번째 검토를 수행하고, 이렇게 다섯 번째 검토까지 이어간다.

나는 이러한 검토 패턴이 내가 세계 기억력 챔피언십에서 여덟 번에 걸쳐 우승하는 데 결정적인 역할을 했다고 믿는다. 대회가 진행되는 동안 참가자들에게는 암기를 위한 일정한 시간이 주어지고, 그다음 다시 일정 시간 동안 회상을 하게 된다. 회상 시간이 시작되자마자 대부분의 경쟁자들은 암기한 순서를 최대한 빨리 휘갈겨 쓰기 시작했다. 그들은 정보가 자신들의 기억에서 빠르게 사라지기 시작할 거라고 염려했다. 아마도 나를 포함한 두세 명의 참가자들만이 한 차례의 최종적인 마음속 검토를 위해 중요한 시간을 할애하느라 조용히 앉아 있었을 것이다. 나는 어떤 훈련에서든 무언가를 기억해내려고 시도하기 전에, 즉각적인 검토를 우선적으로 실행한다. 방금 전에 누군가의 이름이나 얼굴을 외웠든, 혹은 수천 개의 이진수나 수백 개의 단어를 외웠든 간에 말이다.

그럼에도 고백하건대, 항상 다섯 단계의 검토를 거치는 것은 아니다. 특히 경기에서는 그럴 수 있는 시간적 여유가 없다. 그럼에도 다섯 단계의 검토는 완벽한 암기를 위한 최적의 숫자라고 생각하기 때문에, 나는 '5의 규칙'을 최대한 지키고자 노력한다.

내가 말하는 규칙을 당신 또한 시험해볼 수 있다. 모임에 가서 처음 만나는 사람들에게 소개되거나, 배우자에게 상점에서 구입할 물품들을 빠르게 알려주거나, 상사가 지시사항을 구두로 일러줄 때 말이다. 정보이름, 항목, 지시가 주어지자마자 머릿속으로 전체 목록을 반복해보자이름을 외워야 한다면, 해당되는 사람들을 보며 소리 내어 반복해볼 수 있을 것이다.

쇼핑 목록이나 지시사항의 경우에는 서둘러 적고 싶은 유혹에 빠지지 말고 마음속으로 즉시 검토를 해보자. 그런 다음 몇 분 후 다시 한 번 마음속으로 검토를 진행하면 된다.

상황에 따라 검토는 한두 차례로 충분할 수 있다. 기억해야 할 정보의 양에 따라 횟수는 달라진다. 여기서 중요한 것은 검토의 '즉시성'이다. 즉시 검토해보지 않고 정보를 적기 위해 펜과 종이를 찾느라 허둥지둥 기다렸다면, 당신은 지금까지 귀중한 시간을 낭비해 온 것이다단, 바로 기억해낼 수 없다면 펜과 종이를 찾아 적어두는 편이 낫다. 즉시 검토하면 정보를 기억에 저장하기 전까지 놓치는 시간이 없기 때문에 정보에 대한 손실 또한 없다.

♥♣♠♦

독일 챔피언십 우승자도 활용하는 검토 기법

1998년 독일 기억력 챔피언십에서 다양한 종목별로 회상 시간의 시작을 알리는 종소리가 울리자, 항상 그렇듯 대부분의 사람들은 미친 듯이 글을 쓰기 시작했다. 그러나 그때 눈을 감고 조용히 앉아 있는 참가자가 눈에 들어왔다. 카드, 숫자, 단어 등 어떤 종목에서든 그는 확실히 암기 내용에 대한 마지막 검토를 수행하고 있었다. 그 순간 나는 이 남자가 내게 위협이 되리라는 사실을 느낌으로 알

수 있었다. 그가 만일 실제로 검토 전략을 수행하고 있다면, 내게서 세계 챔피언십 왕관까지 뺏어 갈 수도 있었다. 그의 이름은 군터 카르스텐으로, 독일 챔피언십에서 여덟 차례나 우승했을 뿐 아니라 2007년 마침내 세계 타이틀까지 거머쥐었다. 그도 역시 여행법을 사용하고 검토 기법을 활용하지만, 그게 어느 정도인지 나 또한 정확히 알아낼 방법은 없다.

AMAZING MEMORY 07

숫자를 암기하는 비법 : 숫자 언어

카드 암기 기술을 마스터한 직후 나는 이 기술을 일련의 숫자에도 적용할 수 있을지 궁금해졌다. 우리 삶은 숫자의 지배를 받고 있다. 몇 가지 예를 들면 전화번호, 대중교통 운행 시간표, 무게와 측정, 인구통계, 선거 결과, PIN관공서, 은행 같은 곳에서 사용되는 개인 식별 번호-옮긴이, 입력 코드 및 숫자 암호 등이 해당될 것이다. 비록 당신이 대회에서 내가 마주치는 숫자 관련 종목에 도전할 생각이 없다 하더라도, 모든 것이 정량화되고 집계되고 계산되며 안전하게 보호되어야 하는 세상에서 숫자를 외울 수 있는 능력은 매우 중요하다.

심리학자들은 인간의 뇌가 단기작업 기억에서 평균적으로 약

7~9개의 데이터를 유지할 수 있다고 결론지었다. 그들의 평가가 정확하다 해도 결코 극복할 수 없는 한계는 아니다. 나는 나의 기억력 체계를 사용해, 한 번에 아홉 자리 이상사실 나는 수백 자리까지도 암기할 수 있다을 암기하는 일이 가능하다는 사실을 보여주었다.

일부 사람들, 대개 수학자들은 숫자의 진정한 아름다움을 볼 수 있다. 슬프게도 나는 그런 계몽된 사람으로는 자라나지 못했다. 암기 재능을 발휘하기 전까지, 내게 숫자들은 그저 난해하고 즉시 잊어버릴 것만 같은 대상이었다. 그러나 지금은 숫자들이 완전히 다르게 보인다. 숫자는 나의 삶 속으로 들어와 활기차고 다채로우며 심지어 유머러스하기까지 한 존재가 되었다. 이제 숫자들은 모두 각자 특성을 지니고 있다. 내가 숫자의 평범하고 무의미한 형태적어도 내게는 그렇게 보였던를, 나의 뇌가 함께 일할 수 있는 무언가로 바꾸는 방법을 개발했기 때문이다.

숫자를 암기하는 비법은 코드화된 이미지로 변환해 숫자에 의미를 부여하는 것이다. 이것이 바로 내가 '숫자 언어'라고 부르는 전략의 핵심이다. 그러나 사람들이 사용하는 더 간단한 몇 가지 시스템이 있다. 그 방법들을 먼저 살펴보자. PIN처럼 짧은 숫자들을 암기할 때는 꽤 편리한 방법들이다.

숫자 모양 시스템

혹시 숫자 2의 모양을 보고 백조와 흡사하다고 생각해본 적이 있는가? 혹은 4는 요트의 돛이나 기둥에 게양된 깃발의 형상이라고 생각해본 적은? 숫자 모양 시스템은 우리가 숫자의 고유한 형태를 이미지로 변환할 수 있다는 원칙에 의해 작동된다. 간단한 실험으로, 종이에 0부터 9까지 숫자를 적고 그 옆에 맨 먼저 떠오르는 이미지들을 적어보자. 아래에 나의 연상도 실려 있으니 당신의 연상과 비교해보라(그러나 스스로 만들어낸 연상이 항상 더 강력하다는 사실을 기억하자!). 시스템의 작동 방식을 명확히 하기 위해 연상 대상의 그림도 함께 표시했다.

이미지로 해석될 수 있는 숫자는 10가지뿐이므로 익히기에 간단한 코드들이다. 숫자를 사물로 볼 수 있게 되면, 이야기의 요소로 사물을 활용해 짧은 숫자들의 순서를 기억하는 데 사용할 수 있다.

예를 들어 에펠탑을 처음 공개했을 때 계단의 개수인 1,792라는 숫자를 살펴보자. 나의 숫자 모양 연상을 활용하면, 당신은 밤에 양초1를 들고 파리에 서 있는 자신의 모습을 상상할 수 있을 것이다. 양초를 든 당신은 에펠탑 쪽으로 향한다. 입구에서 어떤 남자가 탑의 강철 다리 중 하나를 도끼7로 잘라 내려 하고 있다. 그 행동의 무의미함은 그것을 더욱 기억에 남을 만한 것으로 만들어준다. 당신은 탑 계단을 올라가기 시작한다. 정상에 도착하자, 누군가 당신에

0 = 축구공, 반지, 바퀴

1 = 연필, 가로등, 양초

2 = 백조, 뱀

3 = 입술, 수갑

4 = 돛, 깃발

5 = 뱀, 해마

6 = 골프채, 코끼리의 코

7 = 부메랑, 도끼

8 = 눈사람, 모래시계

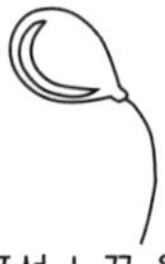

9 = 풍선, 노끈, 올가미

게 줄에 매달린 풍선$_{9}$을 건넨다. 풍선을 더욱 기억에 남을 만한 것으로 만들기 위해 색상을 지정하는 것이 좋은데, 내 것은 빨간색이다. 탑 위에서 파리 전역을 바라볼 때, 밝게 빛나는 보름달을 가로지르며 날아오르는 백조$_{2}$의 실루엣이 보인다.

숫자 모양 시스템을 활용할 때 또 한 가지 중요한 팁은, 자신이 기억하고자 하는 번호와 관련된 위치에 이야기를 고정시키는 것이다. 신용카드나 직불카드의 PIN 번호를 기억해야 한다면, 주로 이용하는 은행 주변 혹은 집에서 은행까지의 짧은 경로를 활용하면 된다.

♥♣♠♦

숫자 운율 시스템

숫자 모양이 별로 와 닿지 않는다면 숫자 운율을 활용해볼 수 있다. 이번에는 숫자를 발음하는 소리에서 이미지를 연상하면 된다. 예를 들어 '원$_{1}$'은 '번롤빵', '투$_{2}$'는 '슈shoe, 신발' 등으로 나타낼 수 있다. 다시 한 번 강조하지만 자신에게 가장 자연스러운 운율을 만드는 것이 중요하다. 하지만 당신의 연상과 나의 것이 꽤 유사할 거라고 생각된다.

0(제로) = 히어로(영웅), 네로(로마 황제)

1(원) = 번(롤빵), 선(태양)

2(투) = 슈(신발), 글루(풀)

3(스리) = 트리(나무), 시(바다)

4(포) = 도어(문), 보어(멧돼지)

5(파이브) = 하이브(벌집), 차이브(골파)

6(식스) = 스틱스(막대기), 브릭스(벽돌)

7(세븐) = 헤븐(천국) (또는 케빈. 친구 중에 케빈이라는 이름을 가진 사람이 있다면)

8(에이트) = 게이트(문), 웨이트(무게)

9(나인) = 와인, 파인(소나무)

친구 집을 방문한다고 하자. 친구는 당신에게 839번 버스를 타면 자신의 집 바로 앞에 선다고 일러준다. 버스 번호를 기억하기 위해 숫자 운율 시스템을 어떻게 활용할 수 있을까? 정류장에 버스가 정차했다고 상상해보라. 버스에 타려면 문8의 '게이트'이 열려야 한다. 버스에 올라서자 맨 처음 눈에 들어온 사람은 앞자리에 앉은 여성으로 통에 담긴 작은 나무3의 '트리'를 안고 있다. 옆을 지나갈 때 보니 그 나무는 소나무9의 '파인'다. 이 이미지를 좀 더 생생하게 표현하기 위해 나무에 크리스마스 장식을 달 수도 있다. 이 이미지들을 두 번 정도 검토한다면, 어떤 버스를 타야 할지 잊는 일은 없을 것이다.

숫자 모양 및 숫자 운율 시스템은 짧은 숫자들을 기억할 때 빠르고 쉽고 실용적이다. 항상 일상의 기억 속에 스며들 수 있다. 그러나 이런 시스템들을 세계 기억력 챔피언십에서 발전시킬 수는 없었기 때문에, 다른 방법을 고안해야 했다.

♥♣♠♦

무한한 수, 원주율 암기

처음에 내게 카드를 암기하도록 영감을 주었던 크레이턴 카벨로는 원주율반지름의 제곱으로 나눈 원의 면적을 소수점 이하 20,013자리까지 암기했다. 원주율은 우리가 아는 한 반복되지 않는 무한한 수이기 때문에 기억력을 측정하기 위한 훌륭한 방법이 될 수 있다. 원주율이 바로 내가 설정한 다음 도전 과제였다고 말해도 별로 놀랍지 않을 것이다.

몇 년간의 암기 기술을 활용한 실험을 통해, 정보를 고정하기 위한 가장 좋은 방법에 관한 몇 가지 사실을 알게 되었다. 그중 하나는 글자가 숫자보다 사용하기 편리한 코드로 전환하기가 더 용이하다는 사실이다. 그에 따라 도전 초기에는 이전에 카드를 코딩했던 것과 같은 방법으로 숫자를 코딩했다. 즉 숫자를 일단 문자로 변환한 후 그것을 다시 이미지로 전환하는 방식이었다. 나는 다섯 개의 숫자로 이루어진 숫자 그룹을 각각 하나의 이미지로 암기할 수 있는 시스템을 개발했다. 그렇다면 이 시스템은 원주율의 무한한 소수 자리들을 암기하는 데 어떻게 작용할까? 원주율의 소수점 이하 30자리까지는 다음과 같다.

[3.]141592653589793238462643383279

처음 15자리를 공부하면서, 나는 각 숫자에 특정 문자를 부여하기로 했다. 그 문자를 사용해 단어를 만들면 이야기를 엮을 수 있을 것 같았다. 쓸 만한 문자들의 조합을 만들 가능성을 높이기 위해 알파벳을 U까지 쓰고, 1에서 9까지는 두 번 적용해 각각 두 개의 문자 코드로 지정한 다음, 0에는 S, T, U의 세 가지 코드를 지정했다. 전체적으로 정리하면 다음과 같다.

A	B	C	D	E	F	G	H	I
1	2	3	4	5	6	7	8	9

J	K	L	M	N	O	P	Q	R
1	2	3	4	5	6	7	8	9

S	T	U
0	0	0

그래서 1은 A, 즉 알파벳의 첫 글자이거나 J, 즉 알파벳의 10번째 글자이며, 2는 B 또는 K 등으로 이어진다. 이러한 숫자-문자 코드를 사용함으로써 14159는 AMANI가 되었고, 26535는 BONCE로 해석되었으며, 89793은 HIPIL이 되었다. 개별 단어의 의미가 통하지 않으면 더 작은 음절로 나누어 보다 많은 이미지를 사용했다. 나는 AMANI에 대해 인도인a man I로부터 an Indian man을 상상했고, BONCE의 경우 머리물론 머리를 가리키는 구어적 표현, HIPIL의 경우는 병 걸린 엉덩이a hip ill를 떠올렸다. 여기까지는 모두 순조로웠고, 이어지는 15자리에도 같은 방식으로 코드를 입혀 살펴보았다.

23846	26433	83279
BLQDO	BOMCC	QCBPI

이 문자들에 대해서는 이미지를 형성하기 전에 창조적인 사고가 필요했다. 그래서 BLQDO는 나무 블록BLQ는 '블록' 발음을 연상시킨다이 내 머리 위에DO는 '도미니크'의 첫 음절를 올려진 모습이 되었고, BOMCC는 폭탄BOM이 놓인 모터바이크CC는 오토바이의 엔진 동력가 되었으며, QCBPI는 변호사QC, Queen's Counsel은 영국의 법정변호사 중 최고 등급-옮긴이가 인도인I에게 BP사브리티시 페트롤리움의 계약서를 건네는 장면이 되었다연상하기에 좀 복잡해지긴 했지만, 당시 내가 생각해낸 것 중에선 제일 나았다.

순서대로 번호를 기억하기 위해 나는 우리 집에서 출발해 동네,

교회와 교회의 묘지, 언덕 위 그리고 마을 전체로 이어지는 확장된 여행을 만들었다. 나는 연속적이고 중단되는 곳 없는 여행에서 820 단계의 경로를약간의 끈기를 갖고 정하는 동안, 각 단계마다 원주율 중 다섯 개의 숫자들로 구성된 이미지를 차례로 붙여 놓았다. 그 결과 원주율 소수점 이하 4,100자리까지 암송할 수 있었다.

이는 카벨로의 기록에는 훨씬 모자란 것이었지만, 참고 견디면 결국 그 기록에 도달할 수 있으리라는 사실을 알 수 있었다. 그러나 원주율을 변환하고 암기하는 작업은 너무 힘든 일로 판명되었기 때문에, 이 프로젝트는 과감히 포기하고 대신 숫자 시스템 자체를 개량하는 작업에 몰두하기로 결정했다.

♥♣♠♦

새로운 도전 과제

숫자에 맞는 언어를 만들어내려면, 마치 책에서 문장을 술술 읽어 내려가듯 숫자를 보고 거의 동시에 이미지를 만들어낼 수 있는 시스템이 필요했다. 카드의 경우 이미지를 만드는 접근법의 효과가 좋았다. 그런데 왜 숫자에는 그러지 못했을까?

고민 끝에 나는 숫자 기억법이 어디에서 잘못되었는지 알게 되었다. 다섯 개의 숫자 그룹은 너무 복잡했다. 이를 개선하려면 숫자들을 오직 한 쌍으로만 묶어야 했다. 결국 나는 원주율의 숫자 수천 개를 암기할 때만큼이나 좌절을 느끼면서도, 훗날 여덟 차례의 세계 기억력 챔피언십 타이틀을 확보하는 데 크게 도움될 시스템을 완성해내기에 이르렀다. 그것은 '도미니크 시스템'이다.

되돌아보면 원주율과 함께 보낸 허망한 시간들이 완전한 시간 낭비인 듯 느껴지기도 한다. 그러나 그 많은 숫자를 암기하는 데 몇 주가 소요되긴 했어도, 나는 그 경험을 통해 많은 것을 얻을 수 있었다. 이 세상에서 마음의 저장 공간으로 활용하기에 충분한 공간을 확보할 수 있는 한, 사실상 내가 무엇을 얼마나 많이 기억할 수 있는지에 대한 제한은 없다는 사실이다. 또한 해당 숫자를 암기할 수 있는 속도는, 내가 사용하는 시스템의 효율성과 그것을 활용한 연습량에 달려 있다는 것도 알게 되었다.

AMAZING MEMORY 08

도미니크 시스템이란?

도미니크 시스템은 0부터 9까지 각 숫자에 특정 문자를 할당한 다음, 순서대로 숫자 둘, 문자 둘로 짝을 지어 그룹화함으로써 작동시키는 방식이다. 이 시스템은 내가 원주율을 암기하기 위해 생각해냈던 첫 번째 기술을 개선한 것으로, 코드를 단순화했기 때문에 숫자당 가능한 문자 코드는 오직 하나다. 모두 적어보면 다음과 같다.

1 = A	2 = B	3 = C	4 = D	5 = E
6 = S	7 = G	8 = H	9 = N	0 = O

1부터 5까지는 알파벳의 처음 다섯 글자인 A~E에 해당한다. 처음에는 모든 숫자에 그 단어를 구성하는 알파벳 문자를 부여했고 그것이 가장 논리적인 접근 방법인 듯 보였다. 그러나 그것은 내게 가장 자연스러운 공식이 아니었기 때문에, 내 본능에 따라 진행해 보기로 했다. 발음상의 이유로 6은 S가 되었으며, 7은 세계 재무장관 회의를 여는 G7에서 힌트를 얻어 G와 연결했다. 8에는 유사한 발음인 H가, 비슷한 이유로 9에는 N이 주어졌다. 0은 그 모양 때문에 알파벳 O로 코딩되었다. 새로운 코드를 사용하면서, 긴 문자보다는 둘씩 짝을 짓는 편이 더 유용하다는 사실도 깨달았다. 이에 따라 원주율의 소수점 아래 24번째 자리까지의 숫자는 다음과 같이 정리되었다.

14	15	92	65	35	89
AD	AE	NB	SE	CE	HN
79	32	38	46	26	43
GN	CB	CH	DS	BS	DC

나는 사물 코드보단 사람 코드가 가장 신뢰할 만한 효과적인 이미지를 제공해준다는 사실을 카드 암기 경험을 통해 알고 있었다. 따라서 여러 쌍의 문자들은 내게 사람들의 이름을 떠올리게 했고,

때로는 이름의 머리글자나 이름을 짧게 줄인 단어들을 상기시켜주었다. 어느 경우든 각각의 숫자 쌍을 사람들의 이름으로 쉽게 해석할 수 있었다.

이를 위해 내가 선택한 사람들은 나에게 특별한 의미가 있는 이들이었는데, 일부는 내가 실제로 아는 사람들이고 일부는 유명인들악명으로 유명한 이들도 포함해서이었다. 숫자 쌍들을 검토하는 과정에서 특정 이름들이 순간적으로 떠오르곤 했다.

예를 들어 내가 다니는 골프장에 '애디'라는 남자가 있는데, AD14를 보자마자 그가 생각났다. NB92는 나의 지인 중에 '나비'라는 사람을 떠올리게 했다. HN89을 보고는 나의 형수인 '헤니'를 떠올렸다. 이들과 비슷하게 GN79에 대해서는 '진', DS46에 대해서는 '데즈먼드', DC43에 대해서는 '딕'이 생각났다.

나머지 숫자들의 경우는 이름의 머리글자를 사용해야 했다. AE15는 '알베르트 아인슈타인'을 떠올리게 했고, SE65는 가수 '시나 이스턴'이 되었으며, CE35는 배우 '클린트 이스트우드'의 머리글자다.

♥♣♠♦

숫자-사람 코드 목록

0~9를 둘씩 묶으면 총 100개의 조합00, 01, 02 … 97, 98, 99까지이 가능하

다. 암기해야 할 어떤 숫자들에 대해서든 도미니크 시스템을 빠르게 적용하려면, 모든 숫자 쌍에 대해 이미 '여행 은행'에 저장된 사람 코드들이 필요했다. 이는 내가 따로 시간을 할애해서 이용 가능한 숫자 쌍마다 하나씩 총 100명의 목록을 고안해야 한다는 의미였다. 이 책 전체에 걸쳐 나는 내가 만든 코드들을 사용하겠지만, 암기력이 향상되고 자신감을 갖기 위해서는 당신만의 '숫자-사람 코드' 목록을 작성해야 한다.

♥♣♠♦

소품을 활용하라

나는 할당된 인물들이 각자에게 어울리는 소품이나 특성, 행동을 갖고 있을 때 기억에 더 잘 남는다는 사실을 발견했다. 예를 들어 나는 골프채를 들고 스윙하는 애디$_{AD/14}$를, 붓을 들고 있는 예술가 형수 헤니$_{HN/89}$를, 마이크를 쥐고 있는 가수 시나 이스턴$_{SE/65}$를 상상한다.

♥♣♠♦

여행법+도미니크 시스템

일단 인물의 배역에 익숙해지고 숫자 쌍을 능숙하게 변환할 수 있다면, 당신은 여행법을 이용해 긴 숫자들을 기억할 수 있다. 여기서는 집의 배치를 이용해 원주율 암기를 해보겠다. 우리는 소수점 아래 10자리를 다루겠지만, 실제로 얼마나 많이 외울 수 있을지는 오로지 당신이 가진 여행의 길이에 달려 있다. 만일 당신이 지금의 나처럼 여러 개의 여행을 함께 사용할 수 있다면나는 카드를 암기할 때와 유사하게 50단계 여행들을 자주 사용한다, 수천 개의 숫자까지도 아주 손쉽게 암기할 수 있다각각의 정지 지점들이 숫자 두 개에 대한 코드를 '보유'하고 있다는 사실을 기억하자. 다음은 작동 방식이다.

1단계 : 정문	AD 14
2단계 : 주방	AE 15
3단계 : 다용도실	NB 92
4단계 : 거실	SE 65
5단계 : 계단	CE 35

나는 우리 집 문 앞에서 골프채로 스윙 연습을 하고 있는 애디AD/14를 상상한다. 그의 스윙을 피하려고 나는 요리조리 움직이며 주

방으로 들어간다. 그곳에서는 알베르트 아인슈타인AE/15이 내 메모판에 수식을 갈겨쓰고 있다. 다용도실에는 나비NB/92가 있는데, 그는 기타를 아무렇게나 튕기고 있지만 거실에서 자신의 기타 소리와는 다른 음악이 들려오자 조금씩 동요하고 있다. 나는 거실로 가서 마이크에 대고 노래를 부르는 시나 이스턴SE/65을 본다. 그리고 거실에서 나와 계단을 올라가려 하지만 계단 아래에는 시가를 씹으며 "덤벼, 할 테면 해봐!"라고 말하는 클린트 이스트우드가 버티고 있다.

이 장면들을 한 번만 더 훑어보면, 나는 내가 원주율의 소수점 아래 10자리를 암기했다는 사실을 알게 된다. 더 나아가, 나는 집 안을 통과하는 이 여행 그리고 각 단계에 있는 사람들의 머리글자를 반대로 적용함으로써, 정방향뿐 아니라 역방향으로도 숫자를 말할 수 있다이런 짧은 숫자들의 경우에는 '5의 규칙'을 적용할 필요는 없다. 이제 도미니크 시스템의 작동 방식을 알았을 테니 실제로 훈련을 해볼 차례다.

♥♣ MEMORY TRAINING
♠♦ 07

20자리 숫자 암기하기

훈련을 위한 인물들과 10단계 여행을 구상한다.

암기에만 5분이 주어질 것이다아래 4번.

그 후 5번의 질문들을 통해 자신의 인물들이 얼마나 효과적인지 시험해볼 수 있다.

1.

종이에 0에서 9까지 숫자를 적는다.

각각의 숫자 옆에 자신에게 맞는 논리 코드를 만들어내는 문자를 지정한다.

2.

이제 다음의 20자리 숫자를 확인한다.

56649288275312201535

숫자의 순서를 바꾸지 말고 둘씩 짝을 지어 나눈 다음,

각 숫자 쌍을 종이의 왼쪽 면에 적는다.

3.

숫자 쌍 옆에 새로운 열을 하나 추가하고, 각각에 해당하는 문자 코드를 적어 넣는다.

세 번째 열에는 문자 코드에 대한 인물을 적는다머리글자로 생각해보거나 특정 이름을 생각나게 하는지 살핀다. 마지막 열에는 각 인물의 행동, 특성이나 소품을 적는다.

4.

마음의 눈으로 10단계 여행을 떠난다. 첫 번째 정지 지점에서 목록의 첫 번째 인물을 상상해보라. 이때 그들의 소품, 특성, 행동을 활용하는 것을 잊어서는 안 되며, 감각적인 세부사항과 감정을 추가한다. 모든 정지 지점에 멈춰서 모든 인물을 상상할 때까지 계속해서 마음속의 단편영화를 만들어나간다. 작업이 다 끝나면 여행에 등장한 인물들에 대한 검토를 마친 후, 인물 목록을 참조하지 않고 기억에만 의존해 여행을 한 번 더 실시해본다.

5.

이제 스스로 얼마나 많은 질문에 답할 수 있는지 확인해볼 시간이다(정답을 많이 맞힐수록 코드가 더 효율적이라는 의미다). 답안을 종이에 적고 원래 순서와 맞춰보며 문제가 없는지 확인하자.

- 일곱 번째 숫자는 무엇인가?
- 27의 다음에 오는 숫자 두 개는?
- 처음 여섯 개의 숫자는 무엇인가?
- 마지막 네 자리 숫자는 무엇인가?
- 3 앞에 몇 개의 숫자가 있는가?
- 15 앞에 오는 숫자 두 개는 무엇인가?
- 13번째 숫자는 무엇인가?
- 11번째, 17번째, 19번째 숫자는?
- 세 자리씩 건너서 숫자들을 쓸 수 있는가?

전체를 역순으로 쓸 수 있는가?(지금 불가능하다고 염려할 건 없다. 첫술에 배부르랴!)

모든 질문에 올바르게 답하지 못했다면 여행을 다시 시도해보면 된다. 다만 이번에는 처음 10자리까지만 암기한다. 암기가 끝나면 종이에 모두 적어서 정답과 맞춰보자. 10개의 숫자를 정확하게 기억할 수 있을 때, 20개 숫자에 대해 다시 암기를 진행하고 질문을 통해 얼마나 늘었는지 확인한다.

AMAZING MEMORY 09

세계 기억력 챔피언십 종목

앞의 훈련에서 당신은 10쌍의 숫자를 문자로 변환했다. 그전에 언급했듯 도미니크 시스템을 빠르게 사용하려면 100개의 가능한 짝 모두를 변환해두는 것이 최선이며, 여기에는 상당한 노력이 필요하다. 한 쌍의 숫자를 하나의 인물과 즉시 연결하기 위해서는 100개의 인물 각각의 행동, 소품 및 특성을 익혀야 한다. 이는 마치 새로운 언어를 유창하게 구사할 수 있을 때까지 연습하는 것과 같아서 엄청난 시간이 소요된다. 그러나 일단 이러한 새로운 언어를 습득하기만 하면 일상생활에서 사용할 수 있을 뿐 아니라, 학습 과정 자체가 두뇌를 훈련하고 집중력을 향상시켜 기억력을 예리하게 만들어준다.

세계 기억력 챔피언십은 10개의 종목으로 이루어져 있으며, 각각 숫자, 이진수, 카드, 이름과 얼굴, 날짜, 단어, 이미지 등 다양한 형태의 목록을 암기해야 한다전체 종목은 다음 페이지 목록을 참고하자. 그중 가장 과열되는 종목 중 하나는 '불러주는 숫자 암기'다. 이 경기에서 참가자는 한 시간 동안 가능한 한 많은 숫자를 암기하고 정확한 순서로 기억해내야 한다.

처음 챔피언십에 참가했을 때 이 종목에서 나는 앞서 우리가 배운 방법을 사용해, 숫자 두 개가 지정된 여행의 각 단계마다 사람 한 명을 배치했다. 이 시스템 덕분에 나는 한 시간 만에 천 자리까지 암기할 수 있었고, 같은 방법으로 몇 차례 우승을 할 수 있었다.

그러나 점점 더 많은 사람이 이 기억력 스포츠에 참가함에 따라, 인원수뿐 아니라 그들의 역량 또한 해를 거듭할수록 향상되었다. 경쟁 우위를 유지하기 위해서는 도미니크 시스템의 효율성을 향상시켜야 했다.

♥♣♠♦

챔피언십 10개 종목

1991년에 처음 등장한 세계 기억력 챔피언십은 토니 부잔마인드맵 발명

가과 체스 그랜드마스터인 레이먼드 킨의 발명품이었다. 그들은 사람들이 신체를 훈련하는 것과 같이 마음을 단련해야 한다고 믿었다. 그런 목적을 달성하기 위해서는 세계 최고의 '정신 스포츠 선수들'이 서로 맞붙어 경쟁하는 국제 대회를 개최하는 것보다 더 좋은 방법은 없었다. 나는 처음부터 경쟁자이자 주최자로서 대회에 참여해왔다. 후자의 경력으로는 모든 참가자가 정당하게 경기에 임할 수 있게 챔피언십의 10개 종목을 개선하는 일에 참여했다. 10개 종목은 다음과 같다.

1. 추상적인 이미지
2. 이진수
3. 한 시간 숫자 암기
4. 이름과 얼굴
5. 스피드 숫자
6. 역사 및 미래 날짜
7. 한 시간 카드 암기
8. 랜덤 단어
9. 불러 주는 숫자 암기
10. 스피드 카드

나는 모든 종목을 즐기지만, 그중 '한 시간 카드 암기'를 가장 좋아한다. 그것이 진정한 체력 테스트이기 때문이다. 한 시간 만에 24벌의 카드를 암기하는 것은 내게 커다란 도전이다.

'불러 주는 숫자 암기'는 한 번이라도 틀리는 즉시 끝나기 때문에 아마도 가장 힘든 경기일 것이다. 초당 한 개 비율로 300개의 숫자를 기억할 수 있다 하더라도, 서두르다 세 번째 숫자를 깜박한다면 점수는 고작 2점에 그친다. 따라서 이 경기는 나의 신경과 집중력, 정신이 산만해지는 것을 막기 위한 일종의 능력 테스트다.

그렇다면 내가 어떻게 할 수 있었을까? 분명한 건 여행의 각 단계마다 더 많은 숫자를 집어넣어야 한다는 점이었다. 각 단계에서 자릿수를 두 배로 늘릴 수만 있다면, 잠정적으로 한 시간 안에 암기할 수 있는 숫자의 개수를 두 배로 늘릴 수 있었다. 여기서 놀라운 사실은 내가 사용하는 시스템에 해당 문제에 대한 해결책이 이미 포함되어 있었다는 점이다.

인물에게 개성을 부여하기 위해 행동, 소품 및 특성을 이용한 방식을 기억하는가? 만일 내가 첫 번째 숫자 쌍을 사람으로 코딩하고 두 번째 쌍은 행동, 소품, 특성으로 코딩한다면, 첫 번째 쌍의 인물을 두 번째 쌍의 행동, 소품, 특성과 결합함으로써 여행의 첫 번째 단계에서 인물과 행동의 조합을 배치할 수 있을 것이다. 그런 다음 세 번째 쌍다섯 번째 숫자와 여섯 번째 숫자이 또다시 사람으로 코딩되고, 네 번째 쌍일곱 번째 숫자와 여덟 번째 숫자은 특성으로 코딩되어, 그 조합은 여행의 두 번째 단계에 배치되는 방식으로 진행된다. 그 결과 여행의 각 단계를 네 개의 숫자와 연결시킬 수 있었다.

예를 들어 15562053이라는 숫자를 암기하고 싶다면, 여행에는 두 개의 단계만이 필요하다. 첫 번째 숫자 쌍15은 나에게 AE, 즉 알베르트 아인슈타인을 제공하고, 두 번째 쌍56은 나에게 ES, 즉 에드워드 시저핸즈가위손를 제공해준다. 따라서 처음 네 자리 숫자를 암기하기 위해 나는 여행의 첫 번째 정지 지점에서 알베르트 아인슈타인이 머리를 자르는 모습을 상상한다. 이때 머리를 자르는 것은 가위손의 행동으로, 그는 자신의 모습을 보여주지는 않는다.

세 번째 숫자 쌍20은 BO인데, 내게 이것은 버락 오바마를 의미한다. 마지막 쌍53은 EC, 즉 기타를 연주하는 에릭 클랩턴이 된다. 이 네 자리 숫자를 기억하기 위해, 나는 기타를 연주하는 버락 오바마를 상상하며 여행의 두 번째 단계에 이미지를 배치한다흥미로운 사실은, 5320처럼 두 개의 숫자 쌍이 거꾸로라면 당신은 아마 에릭 클랩턴이 미국 깃발을 흔들게 했으리라는 점이다. 이 시스템은 어떤 숫자의 치환을 사용하더라도 확실히 효과적이다.

이렇게 인물들과 그들의 대표적인 소품, 특성, 행동이 합쳐진 장면들을 나는 '복잡한 이미지'라고 부른다. 이들은 효과적으로 상호교환이 가능한 정신적 낱말 퍼즐의 조각들이며, 내가 가능한 한 짧은 시간 안에 많은 숫자들을 암기할 수 있도록 1만 가지의 다양한 방법으로 서로 섞이고 매치된다.

이러한 시스템을 고안하기 위한 노력 덕분에 나는 초기의 다른 경쟁자들보다 앞서 나갈 수 있었다. 초기 라이벌 중 어느 누구도 이와 같이 효율적으로 네 자리 숫자를 기억할 수 있는 시스템은 찾아내지 못했다.

그러나 이제는 상황이 많이 바뀌었다. 오늘날 경쟁자들은 숫자 암기에 점점 더 익숙해지고 있다. 이러한 환경은 내가 시스템 개선을 위해 노력하게 만들고, 자칫 방심하는 일이 없도록 나를 단단히 붙잡아준다.

AMAZING MEMORY 10

카드용 도미니크 시스템?

숫자 암기 작업, 특히 '복잡한 이미지'의 제작은 내가 카드를 암기할 때 더 많은 기술을 연마할 수 있는 길을 열어주었다. 처음 암기를 시작했을 때, 나는 카드 한 벌에 대한 크레이턴 카벨로의 기록을 깨는 것만이 목표였다. 그러나 앞서 언급했듯 내게 여러 벌의 카드를 외울 수 있는 능력이 있음을 알게 되었다. 그리고 숫자 암기 작업 이후, 그 방법을 여러 벌의 카드에 적용하거나 카드 암기 전략으로 변환할 수만 있다면 더욱 현실적인 목표를 세울 수 있다는 걸 깨달았다.

지금까지 카드 암기와 관련된 기본 사항들을 가르쳐주었다. 실패를 예방하기 위해 사람들에게 새로운 기술은 한 번에 한 걸음씩 익히게 한다. 따라서 이번 단계에서도 나는 당신이 지금까지 익혀 온 기술들을 시험해보기 전에, 여행에서 하나의 카드를 하나의 정지 지점에 확실히 배치할 수 있으면서 도미니크 시스템 또한 자신 있게 다룰 수 있기를 바란다. 그리고 일단 훈련이 시작된 후에는 새로운 변화에 더 쉽게 적응할 수 있도록 전체 사항들을 작은 단계로 나누었다. 섣불리 시작해서 좌절하는 것보다는 여러 개의 작은 성공을 맛보는 것이 도움이 된다. 우선 스스로 몇 가지 카드로 시험해보고, 원리가 제대로 작동된다는 사실에 만족감을 느낄 수 있다면 좋겠다.

적은 수의 카드에 대해서라도 성공을 맛본다면, 당신은 더 많이 기억하려고 노력하는데 필요한 자극과 자신감을 가질 수 있다. 그에 힘입어 연습을 이어가다보면, 결국 전체 카드 한 벌을 암기할 수 있을 뿐 아니라 여러 벌의 카드를 암기할 수도 있을 것이다.

♥♣♠♦

첫 단계
:코트 카드 12장

카드 한 벌을 준비한 뒤 가장 먼저 할 일은 코트 카드잭, 퀸, 킹를 꺼낸 후 슈트클럽, 다이아몬드, 하트, 스페이드별로 정렬하는 것이다. 이제 이미 배운 몇 가지 원칙을 활용할 차례다. 말했듯이 나는 카드 한 벌에 있는 모든 카드를 인물과 연결시켰다그들 중 일부는 순간적으로 바로 떠올랐다!. 내가 인물을 지정할 때 사용하는 한 가지 논리적인 방법은특정 카드의 가치와 연관된 슈트 자체가 인물에 대해 명확하고 논리적인 연결을 제공하는 것이다. 한번 시도해보라. 아마도 다이아몬드 퀸은 영국 여왕 엘리자베스 2세를, 하트 퀸은 아내나 여자친구하트 킹은 남편이나 남자친구를 의미할 것이다. 다시 말해, 다이아몬드는 부유한 인물을 쉽게 연상시키고 하트는 자신이 좋아하거나 존경하는 사람이 될 가능성이 높다.

인물을 지정하고 나면 도미니크 시스템의 요소 중 하나를 접목해야 한다. 즉 각각의 인물에 소품, 특성 및 행동을 부여한다. 예컨대 빌 게이츠가 다이아몬드 킹이라면, 그가 현금 다발을 세거나 노트북 앞에 앉아 최근 계좌의 입출금 내역을 확인하는 모습을 그려볼 수 있다. 소품, 특성, 행동은 인물에 생명력을 불어넣는다. 또한 그것은 내가 방대한 숫자들을 암기했을 때처럼 각 카드를 복잡한 이미지로 변환할 수 있게 해주고, 당신이 더 많은 카드들을 암기하고자 할 때도 도움이 될 것이다.

앞에 놓인 코트 카드 더미를 앞면이 아래로 향하게 놓고, 한 장씩 차례로 카드를 뒤집어 확인하라. 새 카드를 확인할 때마다 눈으로 보고, 인물 연상을 만들고, 인물에게 행동을 지시한다. 모든 코트 카드가 인물과 그에 맞는 행동을 가질 수 있을 때까지 작업을 진행한 다음, 선택한 내용을 검토하고 연상이 스스로 만족할 정도로 기억에 고정될 때까지 필요에 따라 변경한다.

코트 카드에 대한 당신의 캐스팅 목록이 익숙해졌다면, 그것들을 섞어나머지 카드들과는 여전히 분리된 채로 무작위적인 순서로 암기할 준비가 된 것이다. 이를 위해서는 12단계의 여행이 필요하다. 여행 은행에서 하나를 선택해 사용하거나 새로운 여행을 만들어보라. 앞서 말했듯, 나는 카드와 숫자를 외울 때 사용하는 여행들이 따로 있다.

정지 지점에 익숙해지기 위해 두 번 정도 경로를 통과해보자. 그 다음 잘 섞은 코트 카드 더미를 앞면이 아래로 향하게 놓고, 첫 번째 카드를 뒤집는다. 준비가 제대로 되었다면 당신은 그 카드를 자신이 부여한 인물로 즉시 인식할 것이다. 이후 당신은 그 인물을 소품, 특성, 행동과 함께 여행의 첫 번째 정지 지점에 배치해야 한다.

가령 당신이 뒤집은 첫 번째 카드가 하트 킹이고, 당신은 그 카드에 아버지의 성격을 부여했으며, 그는 아주 예리한 테니스 선수인물에게 행동을 부여할 수 있다라고 해보자. 여행의 첫 단계가 당신의 집 정문이라면, 당신은 아버지가 문 앞에서 서브를 연습하는 상상을 할 것이다. 어쩌면 당신은 담장을 넘겨 도로를 향해 공을 날려 보낸 아버지가 공을 주우러 가다 가까스로 자동차를 피하는 것을 보고 놀라서 움찔할 수도 있다.

다음 카드가 다이아몬드 퀸이고 당신이 선택한 인물이 엘리자베스 2세기사 작위를 내리는 행동을 부여할 수 있다라면, 당신은 여행의 두 번째 정지 지점에(아마도 현관에) 인물을 배치할 것이다. 당신이 다가가자 그녀는 기사 작위를 내리기 위해 몸짓으로 무릎을 꿇으라는 신호를 보낸다.

여행에 시간을 들여 12장의 코트 카드를 12개의 정지 지점에 배치하자. 당신의 목표는 상상력을 자유롭게 사용해 카드에 생명을 불어넣는 동안, 그 전환 과정에 익숙해지는 것이다. 당신의 뇌는 카드를 보고, 그것을 인물로 변환하고, 여행에 인물을 배치하고, 그것을 암기하는 등 한 번에 여러 가지 일을 해야 한다. 뇌가 필요 이상으로 열심히 일하지 않아도 되도록 감정과 감각을 총동원해 연결을 논리적으로 만들어야 한다.

마지막으로 12장의 카드 전체를 다시 한 번 살펴본 다음, 모두 암기했다고 생각되면 카드를 보지 말고 마음속으로 전체를 다시 검토한다. 그런 다음 이번에도 카드를 보지 않은 상태에서 순서대로 카드들을 적어 보자.

결과는 어떤가? 몇 가지 실수를 했다고 해서 너무 자책할 필요는 없다. 그래도 어디서 잘못된 건지 스스로 찾아내보자. 일부 연상이 충분히 견고하지 않았다고 여겨지면, 해당 카드의 인물이나 행동을 교체하는 것도 좋은 방법이다. 연습을 통해 완벽해질 수 있다는 사실을 명심하고, 실수가 나오지 않을 때까지 카드를 섞고 연습을 반복하면 된다.

♥♣♠♦

다음 단계
: 나머지 40장

일단 12장의 코트 카드를 마스터하고 나면 쇼가 시작될 시간이다! 당신은 이제 52장의 완전한 카드 한 벌을 암기하기 위해 나아갈 수 있다. 우선 기초 작업이 필요하다. 각각의 코트 카드에 인물을 배치했듯 나머지 40장의 카드에도 인물과 소품 및 특성, 행동을 부여한다. 꽤나 품이 드는 일로 들리겠지만, 일단 그 작업을 끝내고 카드를 기억하기 위해 한 장씩 뒤집어 캐스팅 목록을 활용하면, 암기에 즉시 활용할 수 있는 최고의 실행 도구를 갖게 된다.

카드 코딩하기

앞에서 도미니크 시스템을 위해 숫자로 된 100개의 조합을 직접 코딩해보았다면, 나머지 카드 40장의 코딩은 아이들 놀이처럼 보일 것이다. 누군가를 생각나게 하는 카드를 선별하는 작업부터 시작하자. 아마 스페이드 에이스는 존경하는 상사나 선생님이 될 수 있을 것이다. 내가 지도한 한 학생은 영국의 팝 그룹 전체를 사용하는데, 그에게 S Club 7이라는 그룹은 클럽7을 나타낸다. 나는 제임스 본드를 다이아몬드 7로 사용하는 것을 좋아하는데, 그가 007 첩보원이며 시리즈 중 한 편의 제목이 〈007 다이아몬드는 영원히〉이기 때문이다. 이런 식으로 남은 40장에 대해 의미 있는 인물들을 찾아내는 작업을 완료하면, 그 모두를 도미니크 시스템을 통해 약간의 각색을 거쳐 코딩할 수 있다.

카드용 도미니크 시스템

도미니크 시스템에서는 숫자 쌍을 문자 쌍으로 변환해 이름을 부여했다. 이를 응용하면, 카드의 숫자를 하나의 문자로 변환하고, 슈트의 머리글자를 두 번째 문자로 사용할 수 있다. 예를 들어 스페이드 2는 BS영어로 카드를 읽을 때는 2 Spades처럼 숫자가 앞에 오기 때문에, 이후 카드에 대한 문자 쌍은 앞뒤 순서가 거꾸로다-옮긴이가 되고 하트 8은 HH가 된다. 도미니크 시스템과 관련 없는 구체적인 연상을 미리 지정하지 않았다면, 어떤 슈트의 에이스든 A를 나타내며, 모든 슈트의 10은 O가 된다.

이제 카드를 한 장씩 뒤집어가며 문자 쌍을 만들어보자. 종이에 칸을 나눠 첫 열에 카드 이름을 적고숫자 암기 연습 때처럼, 그 옆에 문자 쌍을 쓴다. 다음 열에는 각 카드의 인물 이름을 기입한다. 내게 BS는 브램 스토커《드라큘라》의 저자로 해석되고, HH는 프로레슬러 헐크 호건이지만 마술사 해리 후디니 또는 헤르만 헤세일 수도 있다. 물론 반드시 유명한 사람을 고를 필요는 없다. 만일 헬렌 해리스라는 이름을 가진 사람을 알고 있다면, 그것도 충분히 효과를 발휘할 수 있다. 마지막 열에는 각 인물의 행동, 특성이나 소품을 적어 넣는다.

♥♣♠♦

코드 학습하기

인물을 정하기까지 많은 시간을 들이고 나면, 이제는 그 모두를 즉시 학습하고 싶은 충동을 느낄 것이다. 그러나 자신이 만든 코드가 기억에 잘 남기를 원한다면, 조금은 느리고 신중하게 학습하는 편이 좋다. 나흘 동안 하루에 10장씩, 카드에 대한 인물 및 행동을 학습하기를 권한다당신은 12장의 코트 카드에 대해 이미 잘 알고 있을 것이다. 5일째에는 카드를 한 장씩 뒤집어 인물의 이름과 소품, 특성, 행동을 말해보면서 가능한 한 많은 것을 기억해내고 검토해보자. 검토 과정에는 코트 카드도 포함시킨다.

원한다면, '5의 규칙'에 따라 좀 더 공식화된 접근 방식과 검토 방법을 채택할 수도 있다. 매일 10개의 새로운 인물을 학습하고, 이어서 해당 인물과 이전에 배운 인물에 대한 검토코트 카드 포함를 실시하는 것이다. 이런 식으로 5일째 되는 날 전체적인 검토를 실행할 때까지 모든 인물이 당신의 장기 기억으로 들어가야 한다. 만일 이보다 더 많은 검토를 할 수 있다면매일 아침과 저녁으로 금상첨화다.

자신의 카드에 대해 속속들이 안다는 확신이 들면, 다음에 나오는 훈련을 해볼 준비가 되었다. 이어지는 고급 카드 암기 시스템으로 넘어가기 전에, 훈련을 통해 자신감을 얻기 바란다.

MEMORY TRAINING
08

카드 한 벌 암기하기

이번 훈련에서는 카드 한 벌의 절반을 암기하기 위해 기본적인 시스템을 사용할 것이다. 자신감이 생기면 전체 한 벌도 도전해보자.

1 단계.

자신에게 익숙한 26단계 여행을 선택한다. 경로가 준비되면 52장의 카드 중 26장덱의 절반을 들고 섞은 다음, 앞면이 아래로 향하게 놓는다. 이어서 맨 위의 카드를 뒤집어 카드 더미 옆에 내려놓는다. 해당 카드의 인물과 소품, 특성 및 행동을 여행의 첫 번째 정지 지점과 연결한다. 다음으로 넘어갈 준비가 되면 두 번째 카드를 뒤집어 여행의 두 번째 단계에 연결한다. 더미에 있는 모든 카드를 확인할 때까지 계속해서 카드를 뒤집고 마음속으로 배치한다.

2 단계.

여행에 대해 마음속으로 검토해본다. 시스템이 지속적으로 유지되어야 하기 때문에, 26장을 모두 암기하기 전에는 검토할 필요가 없다. 검토할 때는 카드를 다시 찾아봐서는 안 되며, 그저 여행을 지속하면서 마음속으로 각 카드를 회상해본다. 이후 '공식적인' 회상을 위해 종이 위에 각각의 카드를 순서대로 적는다. 얼마나 맞혔는지 평가하기 위해 26장의 카드와 맞춰 본다. 순서에 맞게 10~16장을 암기했다면 아주 좋은 점수이며, 17장 이상이면 정말로 훌륭하다. 일단 자신 있게 26장 모두를 암기할 수 있다면 3단계로 넘어간다.

3 단계.

이제 전체 카드 한 벌을 가지고 1단계와 2단계를 반복해본다이를 위해서는 52단계의 경로가 필요하다. 이 단계에도 자신감이 생기면 고급 카드 암기 시스템을 시도해볼 수 있다.

♥♣♠♦

고급 카드 암기 시스템

우리는 한 번에 4개의 숫자를 암기하기 위해 '복잡한 이미지', 즉 하나의 인물을 다른 인물의 소품, 특성 및 행동과 결합한 이미지를 사용했다. 카드 암기에도 동일한 원리를 적용해볼 수 있다. 그러면 한 벌 전체를 기억하기 위해 26단계의 여행만 있으면 되므로, 52단계 여행은 두 벌의 카드를 암기하기 위해 사용할 수 있다. 그 작동 원리는 다음과 같다.

처음 나온 카드 두 장이 '클럽 6SC'과 '스페이드 5ES'라고 가정해 보자. 당신의 SC 인물이 사이먼 코웰이라고 하면, 그의 행동은 자신의 '탤런트 쇼'에 출연해 불만을 표시하기 위해 버저를 누르는 것이다. 한편 ES는 전직 복서이자 미국의 유명 토크쇼 진행자인 에드 설리번이라고 하면, 그의 행동은 자연스럽게 권투가 된다.

이제 여행의 첫 번째 단계에서, 사이먼 코웰이 단순히 자신의 행동을 연기카드 한 장을 나타낸다하는 대신, 하나의 단계에 두 장의 카드를 결합하는 방식에 의해 사이먼 코웰의 복싱이 배치된다. 여행의 첫 번째 단계가 당신의 집 현관이라고 하자. 당신은 권투 글러브를 낀 사이먼 코웰이 마치 문을 부수고 안으로 들어가려는 듯 현관문에 펀치를 날리는 모습을 상상할 수 있을 것이다. 같은 방식으로 남아 있는 카드들에 대해 쌍을 만들어 각각을 여행 단계에 배치한다면, 당신은 52장의 카드 모두를 단 26단계만으로 기억할 수 있다.

♥♣♠♦

카드놀이를 위한 팁

고급 시스템을 개발하고 숙달한 덕분에 나는 카드 여러 벌을 비교적 쉽게 암기했다. 그 결과 기억력 대회에서 우승하고 관객들을 놀라게 했을 뿐 아니라, '사기 도박꾼' 역시 되어 있었다. 잠시 카지노 게임인 블랙잭을 하며 생계를 유지한 적이 있는데, 카지노에서 우위를 차지하기 위해 강력한 기억력을 사용해 많은 돈을 딸 수 있었다. 당연한 일이지만, 그 후 나는 대서양 양쪽 지역에서 카지노 출입이 금지되었다.

물론 모든 사람이 전문적인 블랙잭 플레이어가 되기 위해 암기술을 연마하고 싶어 할 리는 없을 것이다. 하지만 나의 시스템은 휘스트Whist나 브리지bridge 같은 가정용 카드놀이에도 적용해볼 수 있다. 예를 들어 휘스트에서는 네 명의 플레이어가 잘 섞은 카드 한 벌에서 각각 13장의 카드를 받는다. 게임의 목적은 '트릭'을 획득하는 것으로, 한 라운드에서 으뜸패를 낸 사람이 나온 카드를 모두 가져감으로써 트릭을 획득하게 된다. 당신이 4인용 게임에서 다음과 같은 전형적인 카드 라운드를 암기하고 싶어 한다고 치자. 4명의 플레이어아래의 1열는 다음과 같은 카드를 내놓는다2열. 셋째 열과 넷째 열은 해당 카드의 인물 코드를 나타낸다.

플레이어 1	클럽 3	CC	찰리 채플린
플레이어 2	클럽 4	DC	데이비드 코퍼필드
플레이어 3	클럽 8	HC	힐러리 클린턴
플레이어 4	클럽 에이스	AC	알 카포네

자신에게 필요한 정도에 따라 라운드를 외우는 방법에는 여러 가지가 있다. 단순히 이 카드들이 나왔다는 사실을 알고 싶다면 각 카드 인물들 위에 양동이에 든 물을 붓는다고 상상하면 된다. 나는 찰리 채플린의 슬픈 표정, 데이비드 코퍼필드의 비참한 얼굴, 충격을 받고 당황스러워하는 힐러리 클린턴, 알 카포네의 분노에 휩싸인 위협적인 표정처럼 사람들이 물에 흠뻑 젖었을 때의 모습을 상상한다. 마음속에서 이런 행동을 '볼' 수 있다면, 그 인물이 물에 젖었는지 아닌지를 기억함으로써 특정 카드가 아직 나오지 않았는지를 판단할 수 있다.

좀 더 정밀한 암기법은, 준비된 26단계 경로를 사용해 카드가 나오는 순서대로 모두 외워 보는 것이다. 복잡한 이미지 시스템을 사용해 한 번에 두 장의 카드한 장은 인물, 다른 하나는 소품, 특성 또는 행동를 외우면, 여행의 첫 단계에서는 찰리 채플린이 모자에서 토끼를 꺼내게 된다

채플린은 지금 마술사 데이비드 코퍼필드의 행동을 사용하고 있다. 두 번째 단계에서는 힐러리 클린턴이 기관총으로 총알을 난사하는 장면이 그려진다알 카포네의 행동. 이어서 두 번째 라운드가 시작되면 다음 두 단계의 여행에 네 장의 카드를 배치하게 되고, 모든 카드가 플레이될 때까지 이런 식으로 암기를 계속해 나간다.

시스템에 자신이 있다면 플레이어당 한 번의 여행을 할당함으로써 각각의 사람이 낸 카드를 기억하는 방법도 가능하다. 이때는 13단계를 가진 경로 네 개가 필요하다. 예컨대 플레이어 1에게는 공원 주변 경로를 할당하고, 플레이어 2에게 쇼핑몰을 통과하게 하는 식이다. 플레이어 1이 클럽 3을 낼 때는 공원 정문첫 번째 단계에 있는 찰리 채플린의 모습을 그리고, 플레이어 2가 클럽 4를 낼 때는 데이비드 코퍼필드가 쇼핑몰 입구에서 마술을 하고 있는 장면을 상상한다.

AMAZING MEMORY 11

암기 속도를 단축시키려면?

카드 암기를 카드 놀이와 카지노에서 사용할 수 있는 실용적인 기술로 만들고자 한다면, 당신에게는 빠른 속도가 필요하다. 그러나 속도 자체에 대해서라면 내가 여기서 가르쳐줄 수 있는 것은 없다. 연습을 많이 할수록 빨라지기는 하겠지만 말이다. 다만 내가 어떻게 빠르고 효과적인 암기를 수행할 수 있는지 비결을 알려주겠다. 사용 시간을 최적화하는 가장 간단한 방법은, 잘 섞은 카드에서 처음 여섯 장을 외울 때 내가 어떻게 생각하고 무슨 생각을 하는지 정확하게 설명하는 것이다.

마음의 눈을 통한 여행에서, 나는 영국 서리주의 길퍼드 지역에 있는 한 여행사 사무실 안에 서 있다. 사무실에는 아무도 없지만 나는 내 주변 환경에 대해 알고 있다. 벽에는 휴가지 광고가 붙어 있고 거리에서는 시끄러운 소리가 들린다.

현실 세계에서, 나는 다이아몬드 에이스와 클럽 7이라는 두 장의 카드를 빠르게 다룬다. 나는 즉각적으로 다이아몬드 에이스에 대해 배우 존 클리즈의 애매한 이미지뉴스 앵커인 앤 다이아몬드에서, 데스크에 앉아 "완전히 다른 것을 위하여"라고 말하는 존 클리즈로 변형를 얻었는데, 그는 거품 욕조에 몸을 담그고 앉아 있고, 여기서 거품 욕조는 클럽 7의 소품이다클럽 7은 내 친구 폴이 거품 욕조에 앉아 있는 모습을 생각하며 즉석에서 만든 연상이었다. 나는 이 별난 장면에 대한 반응을 스치듯 머리에 새긴다. 나는 이것이 몬티 파이선1969년 결성된 영국 코미디 그룹으로, 영화 〈완전히 다른 것을 위하여〉는 '몬티 파이선' 시리즈 중 한 편이다-옮긴이의 에피소드 중 하나에서 가져온 스케치일 수 있다고 생각한다. 나는 순식간에 이를 논리적으로 맞는 것이라 기록하고클리즈가 몬티 파이선 팀원이었다, 바로 다음 단계로 넘어간다.

스페이드 6과 하트 에이스를 빠르게 뒤집는다. 나는 교차로에서서 아내를 바라본다6은 '섹시'를 생각나게 하고, 아내의 결혼 전 성은 스미스로 스페이드의 S와 같은 머리글자다, 그녀는 술을 병째 들이켜고 있다하트 에이스에 대한 나의 인물은 젊음을 낭비한 경험을 가진 친구다. 이 장면에 나는 순간적으로 충격을 받았는데, 이런 감정은 나중에 회상하는 데 도움을 줄 수 있는 좋은 징조다.

이어서 나는 하트 잭과 스페이드 10을 뒤집는다. 옷 가게 쇼윈도 앞에 서니, 나의 삼촌하트 잭처럼 생긴 이 코끼리를 타는 모습스페이드 10은 코끼리로 내 인물 목록에 있는 두 마리 동물 중 하나이다. 당신은 스페이드 10에서 머리글자 OS를 얻는 도미니크 시스템을 사용할 수 있다 이 보인다. 나는 삼촌이 코끼리 위에 올라앉아 어쩔 줄 몰라 하는 것을 느낀다.

이렇게 해서 처음 여섯 장의 카드에 대한 작업이 끝났다. 여기까지 걸린 시간은 얼마일까? 약 4초다!

♥♣♠♦

제한 속도를 넘어

카드 암기에 능숙해져 훈련에 박차를 가하다보면, 어느 순간 벽에 부딪치는 순간을 맞이하는 때가 있다일반적으로 카드 한 벌당 5~6분 정도다. 그것을 극복하려면 어떻게 해야 할까?

수년 전, 한 경쟁자는 내게 4분 장벽을 도저히 깰 수 없다고 말했다. 실수를 몇 번 정도 하는지 묻자 그녀는 기억한 모든 카드를 완벽하게 회상했다고 말했다. 바로 그것이 문제였다. 이상하게 들릴지 몰라도, 카드 한 벌을 빠르게 암기할 때 나는 보통 대여섯 개의 오류를 범한다. 왜 나는 완벽함을 위해 노력하지 않을까? 만일 실수를 하지 않는다면, 내게 가능한 가장 빠른 속도가 얼마쯤인지 어떻게 계산해볼 수 있겠는가? 항상 한두 개의 실수를 범함으로써 나는 나의 한계에 도전한다. 다만 대회 기간에는 자신의 한계를 잘 아는 것이 중요하다. 그래야 벌점이 발생하지 않는 선에서 페이스에 맞게 속도를 늦춰 정확도를 올릴 수 있기 때문이다.

아마 당신은 이것이 카드를 암기할 때 단 한 장의 실수도 없게 연습하라는 나의 충고와 모순된다고 생각할지 모른다. 부정할 생각은 없지만, 암기 훈련을 시작할 때 가장 중요한 것은 자신감이다. 당신에게도 자신이 할 수 있다고 믿는 마음이 우선적으로 필요하다. 자신감을 얻고 나자, 나는 모든 위험을 감수한 채 내 마음과 기억을 능력의 한계까지 확장시킬 수 있었다. 그것이 비록 암기를 진행하는 중에 한두 개의 오류를 범할지 모른다는 사실을 의미한다 할지라도, 나는 챔피언십 우승으로 가는 길목에서 어떤 것에도 방해받지 않을 자신이 있었다.

사람들은 내가 이미지를 빠르고 세밀하게 시각화하는 데 굉장한 재능을 갖고 있다고 생각한다. 그러나 앞서 언급했듯, 나는 내 마음의 눈으로 보는 장면들의 세부 내용에 대해서는 잘 알지 못한다. 나의 카드 인물들을 암기하는 데에는 사진처럼 정확한 이미지는 필요 없다. 여러 측면에서, 그것은 중요한 장면의 전체적인 느낌에 대해 내 자신이 만들어내는 감정의 반응이다. 회상 단계에서 암기 중에 만든 장면들에 대한 왜곡된 이미지를 갖고 있지만, 카드 순서를 잘 기억하고 회상하는 데 중요한 것은 세밀함이 아니라 '감정의 자취'다.

우리의 감정은 즉각적으로 나타나는 경향이 있는데, 그것은 우리가 보는 것에 대한 반사적인 반응이다. 그 반응은 아주 강력하다. 이미지가 실제로 보이는 방식에 관한 모든 세부적인 내용들을 채우는 것보다는, 장면을 상상하고 그에 대한 감정적인 반응을 모니터한 다음 그것을 내 기억의 유발 장치로 다시 받아들이는 것이 빠르고 효과적이다.

이는 지금까지 내가 이야기한 모든 것, 즉 창조적이 되어 상상력과 모든 감각을 발휘하라던 말과 모순되는 듯 보일 수 있다. 방금 설명한 내용들은 빠른 속도로 카드를 암기할 때 나의 사고 과정에 대한 묘사다. 처음에 나는 정보를 머릿속에 고정시킬 수 있을 만큼 이미지를 과장하는 것을 즐겼다. 재미있거나, 슬프거나, 폭력적이게 말이다. 그리고 그것은 확실히 효과가 있었다. 다만 시간이 지나 더 많이 연습하고 능숙해질수록 세부적인 요소나 과장을 사용할 필요가 없게 되었을 뿐이다. 지금의 내게 있어 여행을 만들어내는 일이란 또 다른 현실과도 같다.

시간이 어느 정도 지나면, 당신도 세부 내용보다는 감정적인 반응에만 집중하게 될 것이다. 당신의 여행은 환상적이고 익살스러운 만화에서 강력한 감정적인 연결을 가진 초현실적인 에피소드들로 변화할 것이다.

그러나 이런 경지에 도달하기 위해서는 노력과 지속적인 연습이 필요하다. 카드 암기는 우리가 기억력에 제공할 수 있는 최고의 훈련이며, 그렇기 때문에 그 실행 자체로 일상생활에서도 막대한 가치를 지닌다. 정기적인 연습을 통해예컨대 한 달 동안 하루에 한 번씩, 당신은 심지어 5분 안으로도 전체 카드를 암기할 수 있다. 그리고 그 시간을 60초 이내로 단축할 수 있다면, 나는 다음 세계 기억력 챔피언십에서 당신을 만나게 될지도 모른다.

CHAPTER 03.

누구보다
'완벽한 기억력'을
갖고 싶다면

AMAZING MEMORY 01

훈련을 통해 기억 잘하는 뇌로 만들 수 있을까?

지금까지 당신에게 암기에 대한 핵심 기법들을 가르쳐주었다. 이제는 두뇌를 훈련하기 위한 또 다른 방법에 대해 이야기하고자 한다. 모든 것은 암기 시, 뇌의 활동을 측정하는 몇 가지 실험에 참여하도록 요청받은 1997년에 시작되었다. 연구진은 내 두뇌의 전기적인 활동을 측정하기 위해 내게 뇌파 기록기를 연결한 다음, 뇌의 두 반구를 잇는 초고속통신망인 뇌량을 통해 정보가 전달됨에 따라 그 활동이 반구 전체에서 어떻게 작용하는지 측정했다. 그들은 내가 무작위 순서로 카드를 암기하거나 회상할 때 두 반구 사이의 전기적인 균형과 생산된 뇌파의 범위를 살펴보았다.

컴퓨터 화면을 통해 뇌파 활동을 실시간으로 살펴보는 일은 나에게 새로운 세상을 열어주었다. 마침내 나는 스스로의 힘으로 큰 업적을 남길 수 있는 암기 기술을 익혔고, 나의 뇌 안에서 일어나는 일에 대한 통찰력을 얻었다. 당시 나는 힘의 균형이 우뇌 쪽으로 확실히 치우쳐 있으리라 예상했지만, 실제 결과는 전혀 뜻밖이었다. 각 반구가 거의 똑같은 수준의 전력을 생산한다는 사실이 밝혀졌고, 암기하거나 회상하는 중에는 어떤 반구도 다른 반구에 대해 지배적인 것처럼 보이지 않았다. 계속해서 나는 나의 뇌파가 전달되는 주파수, 즉 그 속도에 대해 알게 되었다. 우리가 만들어내는 주요한 뇌파는 다음과 같다.

* 베타파 : 빠른 주파수이며 뇌의 정상적인 경보 활동을 나타낸다. 행동, 의사 결정 및 집중을 위해 매우 중요하다. 주파수 범위는 13~40헤르츠이며, 이러한 넓은 주파수 범위로 인해 종종 높은 베타파와 낮은 베타파로 나뉜다. 높은 베타파(24~40헤르츠)가 스트레스와 관련될 수 있다는 사실은 주목할 만하다. 단시간에 폭발적으로 빠르게 움직이는 뇌 활동은 신속한 사고와 즉각적인 반응에 좋지만, 장기간의 높은 베타파 활동은 힘의 소모와 소진을 야기한다.

* 알파파 : 비교적 느리다. 우리가 편안할 때 생성하는 '열을 식혀 주는' 주파수이며, 창조적인 시각화를 수행하는 데 가장 좋은 뇌파다. 주파수

범위는 9~12헤르츠다.

* 세타파 : 내 생각에 가장 매력적인 뇌파다. 일반적으로 황혼 상태의 뇌파라 불리는 세타파는 꿈과 렘수면과 관련이 있으며, 많은 연구자가 이 때 우리의 기억이 통합된다고 믿는다. 우리가 깨어 있는 동안에는 창조적인 사고와 논리적인 사고를 촉진한다. 두 가지 작용 모두 기억력 향상에 있어 매우 중요하다. 범위는 5~8헤르츠다.

* 델타파 : 우리가 경험하는 가장 느린 뇌파로, 깊은 수면 및 신체의 이완과 관련이 있다. 주파수 범위는 1~4헤르츠다.

나는 52장의 카드를 기억에 저장하면서 느린 델타파에서 빠른 베타파에 이르기까지 모든 범위의 뇌파를 생성했다. 빈도에 있어서 알파파와 세타파가 우세했던 만큼, 나는 확실히 편안했고 창조적이었다. 이는 내가 고안한 암기 과정과도 일치한다. 회상하는 동안에는 세타파가 지배적으로 나타나, 세타파는 회상과 가장 관련이 있는 뇌파인 것으로 나타났다.

나는 이 실험에서 배운 내용에 깊이 감명받고 흥미를 느껴 개인적으로 뇌파 측정 장비를 구입했다. 이로써 나의 뇌파뿐 아니라 고객, 친구 및 가족의 뇌파를 측정해 그들의 마음속에서 무슨 일이 일어나고 있는지 통찰을 얻을 수 있었다.

♥♣♠♦

기억 잘하는 뇌의 특징

자신의 기억력이 좋다고 주장하는 사람부터 그렇지 않다고 말하는 사람까지, 남녀노소, 직장인과 은퇴자 등등 나는 모든 유형의 사람들에 대한 뇌파 수치를 분석하는 데 10년 이상을 보냈다. 그리고 행복하고 건강한 생활 방식과 눈에 띄게 효율적인 기억력을 가진 비교적 소수의 사람들에게서 발생하는 뇌파 활동의 패턴이 존재한다는 사실을 발견했다. 피아니스트부터 기업 CEO 및 텔레비전 연출자, 전업주부에 이르기까지 그런 유형에 속하는 개인들은 공통된 세 가지 특징을 갖고 있다.

1.

가장 중요한 사실로, 그들의 뇌는 두 반구가 가진 진폭이나 힘의 측면에서 매우 균형이 잘 잡혀 있다.

2.

베타파에서 델타파에 이르기까지의 주파수 범위에 대한 이동성을 갖고 있다(즉 주파수를 쉽게 전환할 수 있다). 이는 기어 변경이 자동차의 엔진 동력을 최적화하는 데 필수인 것처럼, 뇌의 능력을 최적화하는 데 필수적이다.

3.

10헤르츠의 고출력 알파파를 생성할 수 있다. 이 알파파는 몸의 긴장을 풀고 정보를 수신하는 능력이 뛰어나다.

♥♣♠♦

컴퓨터 프로그램 활용하기

기억력 챔피언십을 위한 훈련은 대회가 열리기 전 두세 달 동안 풀타임으로 진행된다. 나는 육체적인 건강을 돌보는 것과 더불어, 두뇌 역시 단련한다. 뇌의 좌우 반구 모두 서로 소통을 잘하는지 확인하기 위해 집에서 뇌파 기록기와 시청각 자극 기계를 사용한다.

앞서 언급했지만 세계 기억력 챔피언십은 10개 종목으로 구성되어 있다. 나는 내 방법과 속도에 확신이 들 때까지 순번을 정해두고 돌아가며 모든 종목을 반복해서 연습한다. 보통은 복잡한 이미지를 사용해 여행의 각 단계에 네 자리 숫자를 적용한 50단계의 세 경로를 사용함으로써 약 600개의 숫자를 암기한다.

나는 모니터에 초당 여섯 개의 이진수를 순간적으로 보여주는 컴퓨터 프로그램을 갖고 있는데, 이를 통해 50초 만에 300개의 숫자를 순차적으로 기억하는 연습을 할 수 있다. 또한 초당 한 자리 속도로 300개의 숫자를 암송해주는 컴퓨터 소프트웨어도 사용한다. 이것은 '불러주는 숫자 암기' 종목에 필수적인 연습을 제공하면서도 장시간 긴장을 풀지 않고 집중하도록 뇌를 조절할 수 있는 좋은 방법이다.

또 다른 컴퓨터 프로그램은 전자사전에서 무작위로 300개의 단어를 선택해 제시한다. 나는 그 단어들을 15분 만에 기억하는 훈련을 한다. 또 다른 컴퓨터 프로그램은 연월일과 무작위 명사를 생성함으로써 날짜와 사건을 연결하는 연습을 도와준다대회 기간 동안, 나는 각 사건에 대한 설명을 하나의 중심 명사로 추출한다. 한편 또 다른 프로그램은 내가 연습에 활용할 수 있는 추상적 이미지를 생성한다. 이외에도 페이스북 같은 SNS 사이트들은 얼굴과 이름을 맞춰서 연결하는 연습을 제공한다나의 목표는 15분 동안 100명의 이름과 얼굴을 연결하는 것이다.

뇌의 주파수를 조절하라

그렇다면 이 모든 정보를 안다는 것은 어떤 의미일까? 암기를 위해 가장 좋은 주파수로 두뇌를 정렬하는 방법을 알면, 자동으로 기억력 성능이 향상될 수 있다. 실제로 '신경 자극'과 '시청각 자극'이라는 두 가지 기술을 활용하면 가능하다. 더불어 좋은 소식도 있다비록 내가 이에 대해 경험적인 연구를 하지는 않았지만. 이 책에서 소개한 기억 훈련 기법과 같은 비기계적인 기술들 또한 뇌를 훈련하는 데 훌륭한 가치를 지니고 있다는 사실이다. 다시 말해 비록 조금 더 오래 걸리고 더 많은 노력이 필요하겠지만, '수동' 기술은 기계를 사용해 수행하는 훈련만큼 효과적일 수 있다. 그래도 호기심을 충족하는 차원에서, 기계가 그 작업을 얼마나 빨리 수행하는지 살펴보자.

뉴로피드백

손댈 필요 없이 뇌의 힘만으로 컴퓨터 게임을 하고 싶었던 적이 있는가? 이 질문은 미래의 세상에서나 가능한 이야기처럼 들린다. 하지만 놀랍게도 지금도 완벽하게 가능한 일이다. 당신이 지나치게 스트레스를 받고 있어서 너무 많은 양의 높은 베타파를 생성한다고 가정해보자. 당신은 건망증이 심해지고 잘 잊어버리게 될 것이다. 그 문제를 해결하기 위해, 뉴로피드백 시스템에 자신을 연결해 알파파와 세타파를 생성하도록 요구하는 게임을 진행한다고 생각해보자.

당신은 미로를 통해 공을 움직여야 하고, 공은 당신의 베타파가 줄어들고 알파파의 활동이 증가할 때만 움직인다. 이 게임을 통해 당신의 마음은 편안해질 수 있다. 몇 차례의 의식적인 정신적 이완 상태를 경험한 후, 뇌는 스스로 기어를 저단으로 낮추는 법을 배우게 되며 당신의 기억력은 보다 효율적으로 수행되기 시작한다.

시청각 자극

뇌파에 영향을 줄 수 있는 또 다른 방법은 시청각 자극 장치를 사용하는 것이다. 당신은 의자에 앉아 LED가 내장된 안경을 착용한다. 이때 바람직한 뇌파 패턴과 일치하는 주파수에서 조명이 깜박이도록 설정할 수 있는데, 그러면 당신의 뇌도 그 주파수에 맞춰진다. 이를 '주파수 응답'이라고 한다. 예를 들어 알파파 상태에 쉽게 접근하기 위해 뇌를 훈련하고자 한다면, 프로그램 설정을 10헤르츠로 맞추면 된다. 그런 다음 눈을 감고 편안하게 앉아 약 20분 동안 자신의 뇌파가 깜박이는 불빛에 맞춰지게 한다. 시청각 자극은 뇌를 정상적인 작동 상태로 되돌리기 위한 매우 강력하고 비수술적이며 중독성이 없는 도구다. 모든 가정에 이 장치가 하나씩 있다면 얼마나 좋을까!

♥♣♠♦

두뇌 재조정을 위한 시간

뇌파 기록기 및 시청각 자극 장치는 내게 필수품이다. 비록 거기에서 고딕풍의 공포 소설에서나 나올 법한 소리가 난다 할지라도 말이다. 이러한 기계들로 두뇌를 재조정하는 것은 훈련에 있어 필수적이다. 기억력 도전을 할 때면 나는 편안한 상태에서 집중해야만

한다. 내가 만들어내야 하는 중심적인 뇌파 주파수는 5~8헤르츠의 느린 세타파와 13~14헤르츠의 빠르면서도 낮은 베타파 사이에 있어야 한다. 베타파에 대한 세타파의 비율이 3대 2보다 낮으면 나는 스트레스 징후를 보이며이는 기억력이 좋지 않은 사람들의 공통된 특징, 그러면 생활에서 스트레스를 제거하기 위한 조치를 취한다. 여기에는 시청각 자극 기기의 사용도 포함된다.

시청각 자극 기기는 내 두뇌의 전기적인 활동을 조정하고 균형을 잡는 데 도움이 된다. 나는 내가 지나치게 공상적이라고 느껴지면 두뇌의 속도를 높이고, 스트레스를 받는다고 느끼면 속도를 줄이는 것으로 주파수 패턴을 설정한다. 나의 뇌파는 빛이 깜박이는 패턴을 따르고 그것과 유사한 주파수를 생성하는 법을 배운다. 빛이 뇌 속 수십억 개의 신경세포를 자극해 이윽고 '같은 음악'에 맞춰 '춤'을 추면서, 나는 완전히 이완된 느낌을 얻을 수 있다. 그 후로 나는 나 자신이 세상의 중심에 있는 것처럼 느낀다. 이때 세상은 좀 더 선명하게 보이며, 더 밝아 보인다.

그런 과정들이 끝나면 두뇌의 전반적인 힘은 증가한다. 그러나 가장 중요한 이점은 스트레스가 낮아지고 더 명확하게 사고할 수 있다는 것이다. 흥미로운 건, 내가 그런 변화를 직접 느낄 수 있는지의 여부는 그 당시 내가 느끼는 행복감에 달려 있다. 몸과 마음이 모두 편안한 상태에서는 시청각 자극의 이점을 전혀 느끼지 못한다.

AMAZING MEMORY 02

세계 기억력 챔피언십은 어떻게 만들어졌을까?

모든 기술이 갖추어지고 기억력에 대한 기록들을 깨면서, 나는 새로운 도전이 필요하다는 사실을 깨달았다. 나는 항상 세계 최고의 암기 고수들이 서로 경쟁하는 기억력 대회를 주최하면 어떨까 하는 생각을 갖고 있었다. 이미 우리는 매년 기네스북에 등재되기 위해 노력하고 있었기 때문에, 공식적인 대회를 만들고 우리 모두를 한 지붕 아래에서 암기력 패권을 위한 경쟁에 참여시키는 것은 자연스러운 수순이었다.

나는 세계 곳곳에서 살고 있는 소수의 암기 능력자들을 알고 있었고, 또 그들이 기꺼이 대회에 참가하리라는 사실도 알았지만 한 가지 문제가 있었다. 그 대회가 공정한 경쟁이 되려면, 대회를 고안한 내가 동시에 참가할 수는 없는 노릇이었다. 특히 내가 우승할 수 있는 작은 가능성이라도 존재한다면 더욱 그랬다.

그 점을 더 고민해보기도 전에 놀라운 일이 운명처럼 벌어졌다. 1991년, 체스 그랜드마스터인 레이먼드 킨에게서 그해 말에 예정된 대회와 관련한 편지를 받은 것이다. 편지의 내용은 다음과 같았다.

오브라이언 씨께,

크레이턴 카벨로 씨가 알려준 바에 따르면, 우리가 조직하고 있는 기억력 대회에 귀하께서 관심이 있을 듯합니다. 세부적인 내용을 동봉해드리오니 아무쪼록 참석해주시기를 희망합니다. 저는 《타임스》지의 브리지 칼럼에서 귀하의 업적에 관한 내용을 보았습니다. 저 또한 그곳에 체스에 대한 칼럼을 쓰고 있습니다.

답신을 기다리겠습니다.

행운을 빌며,

-레이먼드 킨

참으로 기막힌 타이밍이었다. 지난 3년 동안 바로 그 대회를 위해 훈련을 해온 것 같았다. 레이먼드 킨은 토니 부잔마인드맵을 만들어낸 인물과 함께 '기억력 챔피언십'을 생각해냈고, 둘은 막 그것을 세상에 내놓을 준비를 마친 상태였다. 처음 두 사람을 만났을 때 그들은 내게 나의 기술과 집중하는 방법에 대해 질문했다. 내가 기억력의 실행 방법을 이야기하자, 토니는 레이먼드 쪽으로 고개를 돌려 "이 사람은 비밀을 알고 있어"라고 말하는 듯한 표정을 지었다.

두 공동 창립자는 여러 잠재 경쟁자들과 이야기를 나누고, 우리의 권고 내용을 듣고, 우리가 가진 다양한 기억력에 대해 기록했다. 이 모든 정보를 조합해 그들은 최초의 세계 기억력 챔피언십을 조직했다. 그로부터 불과 한 달 후, 나와 다른 여섯 명토니 부잔은 우리를 "엄청난 7인"이라고 불렀다은 런던의 '애서니엄 클럽'에서 첫 번째 세계 기억력 챔피언 타이틀을 놓고 경쟁을 벌였다.

턱시도를 차려입고 행사를 위해 할 수 있는 모든 준비를 마친 채 클럽에 도착했을 때, 나는 처음 영감을 얻었던 크레이턴 카벨로를 직접 만난다는 생각에 엄청난 불안을 느꼈던 것 같다. 마침내 우리가 만났을 때그는 아주 매력적인 사람이었다 내 눈에 가장 먼저 들어온 것은 그의 구두였다. 검은 가죽이 완벽하게 닦여 윤이 나며 반짝이고 있었고, 심지어 내 모습이 뚜렷이 비쳐 보였다. 카벨로의 능력이 그의 신발만큼이나 빛을 발한다면, 내겐 전혀 희망이 없었다!

대회는 치열했으며, 투지를 불태운 나는 섞은 카드 한 벌을 빠르게 암기하는 마지막 종목에서 타이틀을 획득할 수 있었다. 3년간 열심히 수행한 두뇌 훈련을 끝내는 듯한 느낌으로, 오류 없이 2분

29초 만에 암기를 마침으로써 만족스러운 30초 차이로 크레이턴 카벨로의 기록을 깨뜨린 것이다. 그 후로 20년 동안 챔피언십 대회는 규칙과 개인 종목에 있어서 전 세계 일류 암기술사들의 제안을 수용하여 개량되고 개선되었다.

당신은 이미 기억력의 한도를 넘겨 사용하는 방법을 학습했고, 대부분의 종목들, 특히 숫자 및 카드와 관련된 종목을 수행하는 방법들에 대해서도 배웠다. 당신은 그 방법들을 '랜덤 단어' 종목까지 확장해 적용할 수 있다. 이 모든 것들은 지금까지 내가 가르쳐준 기법들을 활용해 당신 스스로 시도해볼 수 있는 것들이다.

나는 대회 종목들 가운데 두 가지를 제안했다는 데 크나큰 보람을 느낀다. 그 종목들은 '15분간 추상적인 이미지 암기하기자세한 내용은 차후에 나온다'와 다음에 다룰 '30분간 랜덤 이진수 암기하기'다. 이 과제들은 두뇌를 위한 최상의 훈련 과정이다.

AMAZING MEMORY 03

챔피언십 연습 첫 번째, 이진수 암기하기

최초의 세계 기억력 챔피언십은 경쟁자들과 미디어 모두에게서 엄청난 호응을 불러모았다. 우리는 대회가 더 커지고 나아져야 하는 것은 물론이고, 암기술사의 수가 더욱 늘어나야 한다는 사실을 인지할 수 있었다. 나는 주최자들에게 이진수 암기가 개인의 기억력과 창조력에 대한 훌륭한 시험이 될 것이라고 제안했다. 이진수는 기억력을 높이는 법을 배우고 싶은 사람들에게 훌륭한 연습이 된다.

이진 코드binary code는 모든 컴퓨터를 작동시키는 언어로, 켜짐1 혹은 꺼짐0 스위치가 작동할 수 있는 두 가지 위치를 나타낸다. 따라서 이진수의 조합은 오직 1과 0만으로만 이루어진다. 아래는 임의로 배열된 30개의 이진수다. 이것을 정확한 순서로 암기하려면 어떻게 해야 할까?

110011001010011010111111001101

이제 당신은 내가 왜 이진수를 활용한 경기가 정신적 기민함을 측정할 수 있는 훌륭한 시험이 되는지 알았을 것이다. 이는 확실히 어려운 도전이다. 물론 30자리 숫자로는 세계에서 가장 훌륭한 암기술사들의 두뇌를 혹사시키지 않겠지만 말이다. 세계 기억력 챔피언십의 경쟁자들에게는 각각 30개의 이진수가 들어 있는 100개의 행이 제공되며, 모두 기억에 저장하기까지 30분밖에 주어지지 않는다.

1997년 나는 30분 만에 2,385개의 이진수를 암기했다. 당시 그것은 새로운 세계 신기록이었지만, 지금의 경쟁자들은 나보다 더 많은 수를 암기해내고 있다. 이런 일이 어떻게 가능할까? 다른 모든 암기 관련 업적과 마찬가지로 여기에도 하나의 체계가 필요하다. 일단 도미니크 시스템을 습득하면, 이진수 암기는 비교적 쉬워진다.

이진수라는 도전을 돌파하기 위한 나만의 해결책은 이진수를 내가 작업할 수 있는 숫자로 전환할 코드를 만드는 것이었다. 아래와 같이 주어진 모든 수에 대해 세 자리 이진수로 그룹을 만들고,

각 그룹마다 숫자 코드를 부여했다.

000 = 0	110 = 4
001 = 1	100 = 5
011 = 2	010 = 6
111 = 3	101 = 7

내 시스템은 간단하다. 첫 번째 네 개의 조합은 그들의 합계로 표시되며, 나머지 네 개는 단순한 논리에 따라 십진수의 순서를 계속 이어간 것이다.

이제 당신이 이진수를 외우기 위해 할 일은, 코드를 외우고 그것을 이진수에 적용하는 방법을 연습한 다음, 도미니크 시스템을 활용해 숫자를 인물로 바꿔 여행에 배치하는 것이다. 챔피언십 경기에서는 참가자들에게 이진수들을 몇 개씩 그룹을 지어 나누고 거기에 코드를 적어 넣는 것을 허용한다.

당신은 이진수 암기법을 배우는 것이 자신에게 전혀 도움이 되지 않는다고 생각할지도 모른다. 그러나 이진수들의 순서를 암기하는 것은 최상의 기억 방법을 구성하는 모든 요소와 결합되기 때문에, 완벽한 기억력을 얻기 위한 환상적인 실전 연습이다. 그러니 인내심을 갖고 들어주기 바란다.

다음은 또 다른 24자리 이진수로, 코드 번호괄호로 변환되었다.

110 (4)

011 (2)

001 (1)

010 (6)

101 (7)

101 (7)

011 (2)

010 (6)

변환된 수를 다 만들고 나면 번호를 두 개씩 묶어 다음처럼 표시한다.

42 16 77 26

이어서 도미니크 시스템을 사용해 각 쌍에 인물을 적용한다. 나의 경우 데이비드 베컴, 아널드 슈워제네거, 레이디 가가, 바트 심슨이다〈심슨네 가족들〉의 캐릭터로 기억하기 쉽도록 자신만의 인물을 사용해야 한다. 여행을 진행하며 이들을 배치할 때는 복잡한 이미지를 사용해, 첫 번째 숫자 쌍의 인물이 두 번째 인물의 행동을 대리하게 한다. 따라서 사실상 24자리 이진수를 암기하는 데는 오직 2단계 여행만 있으면 된다.

1단계 : 나는 잉글랜드 축구 선수 데이비드 베컴(42)이 역도를 하는 모습을 상상한다. 베컴은 아널드 슈워제네거(16)와 연결된 행동을 하고 있다.

2단계 : 가수 레이디 가가(77)가 바트 심슨(26)처럼 행동하면서 "내 바지나 먹어!"라고 소리치는 모습을 상상한다.

단지 1과 0을 암기하기 위해 이 많은 과정을 따른다고 생각하면 힘들고 지루하게 여겨질 수 있다. 그러나 당신의 뇌는 컴퓨터와 같으며, 그 처리 속도는 어떤 컴퓨터보다도 훨씬 빠르다.

피아니스트가 10분의 1초 만에 음표를 음악으로 변환하여숙련된 피아니스트는 초당 20개의 음표를 읽을 수 있다 악보를 완벽하게 연주하는 것을 생각해보라. 심지어 당신이 이 문장을 읽을 때도, 당신의 뇌는 글자를 소리로 변환하고, 그 과정에 대해 깊이 생각할 시간을 주기 위한 '자각'을 전혀 하지 않고도 글자의 의미를 부여한다.

모든 것은 연습에 달렸다. 연습을 통해 스스로 어떻게 해야 하는지 알면, 마치 그것이 제2의 천성이 될 수 있을 만큼 훨씬 잘해낼 수 있다. 이제 다음에 나오는 훈련법을 보고 연습을 해보자.

MEMORY TRAINING
09

이진수 암기

이제 당신 차례다. 당신의 뇌가 이 과제를 제대로 해낸다면, 놀라운 기억력으로 가는 경로를 순조롭게 지나는 중인 것이다.

1.
코드를 활용해 다음의 30자리 이진수를 실행 가능한 숫자로 변환한다. 종이에 각 세 자리 이진수에 대한 코드를 적어 보자.

011 010 111 100 101 000 001 101 110 011

2.
암기를 위한 나머지 요소코드를 문자로 변환한 다음 다시 인물로 변환하고, 그것을 여행에 배치하는 과정에는 오직 1분의 시간만 주어진다. 타이머를 설정하고 암기를 시작하자. 그리고 다 마쳤으면 암기한 내용을 종이에 적어본다이진수를 바로 적는다. 이때 코드를 적어서는 안 된다. 평가를 위해 제시된 이진수 목록을 다시 확인해보라. 18~24개를 맞혔다면 우수, 25~30개라면 아주 훌륭하다.

3.
위의 훈련을 성공적으로 자신 있게 완료했다면, 다음 훈련을 위한 새로운 숫자를 얻기 위해 친구나 가족에게 30자리 이진수 목록을 작성해달라고 하거나 컴퓨터를 사용해 눈을 감고 손가락으로 0과 1을 무작위로 입력해서 사용할 수 있다. 이번에는 시간을 1분 30초간 사용하되, 작업 가능한 숫자로 변환하는 시간도 포함시킨다. 분초를 다투며 이진수를 변환해 암기해나가는 실제 세계 기억력 챔피언십에서처럼 말이다.

AMAZING MEMORY 04

챔피언십 연습 두 번째, 이름과 얼굴 암기하기

1991년 세계 기억력 챔피언십에서 처음 우승한 뒤, 나는 전 세계 언론 매체에 등장하며 주목을 받았다. 곧이어 나는 매니저를 고용하여 텔레비전 토크쇼 및 게임쇼에 출연해서 카드 암기를 선보이거나, 전체 관중의 이름과 얼굴을 기억하는 모습을 전 세계에 보여주었다.

놀라운 기억력으로 알려지는 것은 재미있는 일이지만, 내게는 기대에 부응해야 한다는 일종의 부담이 생겼다. 만약 내가 사람들 앞에서 기억력을 향상시키는 방법에 대해 가르치고 있을 때 누군가를 잘못된 이름으로 부른다면, 그것은 앞뒤가 맞지 않는 그리고 분명히 창피한 일일 것이다. 누군가의 이름을 기억할 수 있다는 것은 모두에게 중요한 사회적인 기술이다. 또 내게 있어 그것은 새로운 사람을 만날 때마다, 내가 할 수 있다고 말한 것을 실제로 증명하는 것과도 같다. 아울러 그것은 세계 기억력 챔피언십의 종목들 중 하나이기도 하며, 이진수와 마찬가지로 기억력 훈련을 위한 훌륭한 연습이 된다.

이 종목의 참가자들은 100명의 얼굴과 이름이 실린 사진들을 받게 된다. 얼굴과 그에 해당하는 이름을 암기하는 데는 단 15분만이 주어진다. 사진은 무작위로 재배열되어 다시 제시되고, 참가자들은 각각 일치하는 이름을 정확히 기억해내야 한다. 물론 항상 쉬운 이름만이 나오는 것은 아니다! 세계 곳곳에서 온 참가자 모두에게 공정하기 위해 어려운 이름 또한 제시되었고, 철자를 하나라도 잘못 적으면 점수를 잃는다. 당신은 내가 이 기술을 마스터한 것이 실제로 많은 사람 앞에 서는 실전 상황에서 얼마나 유용한지 이해할 수 있을 것이다.

여기에 세계 기억력 챔피언십에서 실제로 제시된 이름들, Detlef Sokolowski, Hlelile Esposito, Ahlf Vogel, Gad Hotchkiss, Xiulan Majewski을 준비해보았다. 이 이름들을 받은 참가자의 표정을 상상해보라. 이런 이름들을 제대로 기억해낸다는 것은 암기력에 있어 매우 훌륭한 업적이다. 이 글을 쓰는 시점에서 세계 기록 보유자는 독일 출신의 보리스 콘라트로, 15분 만에 97명의 이름과 얼굴을 정확하게 기억했다.

어떻게 가능할까? 그리고 그것을 배우는 것이 기억력을 위한 좋은 훈련이 될 수 있을까? 세계 기억력 챔피언십 참가자들은 이름과 얼굴을 암기하기 위한 저마다의 방식을 갖고 있지만, 그 원리는 동일하다. 즉 모든 방법은 '연상, 위치, 상상'의 결합으로 이루어진다.

이름 연상

첫눈에 떠오르는 것

이름을 얼굴과 함께 외우려면 숫자의 경우와 마찬가지로 이름을 이미지로 변환해야 한다. 당신이 루퍼트 와츠라는 사람을 소개받았다고 하자. 어떤 이유에서든 이 사람은 당신에게 당신이 다니는 치과의사를 생각나게 한다고 하자. 이 '즉시 연상'을 고수하고 그 남자가 치과의사의 흰 가운을 입고 있다고 상상한다.

이어서 루퍼트라는 이름 자체에서는 어떤 관련성을 찾을 수 있을까? 아마도 배우 루퍼트 에버렛이나 미디어계의 거물 루퍼트 머독을 생각하지 않을까? 나의 경우 루퍼트라는 이름은 아동용 만화 캐릭터인 '루퍼트 베어'로 다가온다. 나는 루퍼트 베어가 흰 가운을 입고 치과 진료실에서 나를 치료하기 위해 치과용 드릴을 들고 있는 장면을 상상한다. 또 와츠는 나에게 전기를 연상시키므로, 나는 치과 수술 중에 전구를 바꾸는 루퍼트 베어를 상상한다.

이제 다음에 그를 만나면, 그는 내게 또다시 나의 치과의사를 생각나게 할 것이고, 그렇게 시작된 연상의 고리가 그의 이름을 내게 즉시 알려줄 것이다.

특성 연결하기

당신이 만난 사람이 다른 사람을 즉시 떠올리게 하지 않을 때는 어떤 방법이 있을까? 이런 경우 나는 그 사람의 신체적 특징과 이름 사이의 연결 고리를 찾으려고 노력한다. 예를 들어 내가 키가 작은 티나라는 여성을 만났다고 하자. 그녀의 성은 벨링햄이다. 그러면 나는 작은 티나가 얇은 햄 조각이 덮인 벨을 울리는bell/r 모습을 상상한다.

물론 모든 이름이 이와 같은 편리한 연결 고리를 제공하지는 않지만, 우리는 이름 안에 감춰진 무언가를 찾아낼 능력을 가지고 있다. 루퍼트 와츠가 앙증맞은 코를 갖고 있거나, 올리버 차일즈라는 사람이 올리브 모양의 눈이나 올리브색 피부를 갖고 있다고 떠올릴 수 있는 능력 말이다. 연결이 약하다 해도 괜찮다. 연결 고리는 단지 연상을 유발하는 시각적 힌트에 불과하기 때문이다.

♥♣♠♦

이름 그 자체

이름 암기의 맥락을 유발하는 것이 항상 시각적인 특성닮음이나 신체적 특성인 것은 아니다. 가끔은 이름 자체가 열쇠를 쥐고 있을 수도 있다. 예를 들어 누군가가 자신의 성이 홈스라고 말하면, 나는 그 사람을 런던 베이커 스트리트 221b에 있는 소설 속 탐정 셜록 홈스의 집으로 데려다놓을 수 있다. 나는 그 사람에게 떠올릴 수 있는 모든 셜록 홈스의 특징들을 덧입혀본다. 아마도 사냥 모자를 쓰고 담배 파이프를 물고 있는 그또는 그녀의 모습을 상상할 것이다.

그런 다음 나는 그 사람의 이름을 장면에 심어야 한다. 만일 그가 남자이고 이름이 피터라면, 나는 나의 아버지역시 피터다가 베이커 스트리트 221b의 문을 노크하고 셜록 홈스가 문을 여는 장면을 상상할 수 있다. 혹은 앤드리아라는 이름의 여성이라면, 나는 홈스의 연구실에서 맛있는 차를 제공하는 안드로이드를 상상할 것이다.

"안녕? 내 이름은 Arthur Stanislofsachinkolovspedeten야"

우리는 다문화 사회에 살고 있고, 여행을 하면서 다른 문화권의 흥미로운 사람들을 만난다. 이름, 특히 다양한 성은 나 같은 노련한 암기술사에게조차 큰 도전이 될 수 있다. 그것을 마음속에 고정하기 위해서는 이름을 쪼개어 다루기 쉬운 덩어리로 만들어야 한다.

예컨대 '소콜롭스키' 같은 성은 '낮은 스키 위의 양말'의 이미지가 된다. '에스포지토'에 대해서는 양말이라는 주제를 유지하면서 '발가락을 드러내는' 구멍 난 양말을 상상한다. 'Arthur Stanislofsachinkolovspedeten'을 기억하는 데 도움이 되는 연상을 한번 생각해보라. 당신은 어떤 기묘하고 멋진 아이디어를 생각해낼 수 있는가? 나의 뇌와 마찬가지로 당신의 뇌 또한 패턴을 찾고 연결을 만드는 것을 좋아하기 때문에, 암기에 도움되는 연결 방법은 늘 존재한다내일 종이에 위의 이름을 적어 봄으로써 당신의 연상을 테스트해보자. 정확한 철자로 기억해낼 수 있었는가?.

사람들로 가득 찬 방

공식 석상에서 누군가가 나를 소개하거나 대회에서 우승했을 때, 공간을 가득 채운 사람들 앞에서 내 기술을 보여주려면 어떻게 하면 될까? 나는 정기적으로 발표회를 갖는데, 그 행사의 클라이맥스는 그곳에 있는 모든 사람의 이름을 암기하는 것이다. 참석자가 50명 정도라면 비교적 간단하다. 카드 한 벌에서 두 장이 빠진 것과 같기 때문이다! 이번에는 카드의 인물을 여행에 배치하는 대신, 실제 사람들을 각 단계에 상상된 모습으로 집어넣는다. 기억 여행 은행을 기억하는가? 나는 특히 이름을 암기하기 위해 50단계로 구성된 몇 가지 기억 여행을 갖고 있다이 여행들은 여러 벌의 카드를 암기할 때처럼, 필요한 경우에는 서로 함께 연결될 수 있다.

구체적으로는 이렇게 작동된다. 우선 방에 있는 첫 번째 사람이 나에게 자신의 이름을 알려준다. 나는 즉시 그를 내 여행의 첫 번째 단계에 고정한다. 그곳이 내가 이용하는 골프장의 주차장이라고 해보자. 나는 그와 함께 주차장에 서 있다고 상상한다. 이 이미지를 생각할 때, 나는 그의 이름을 여러 번 크게 반복하고 얼굴을 주의 깊게 살펴본다.

눈에 띄는 점이 무엇인가? 코가 뾰족한가? 곱슬머리인가? 이마에 흉터가 있거나 윗입술에 점이 있는가? 그 사람이 내가 아는 사람이나 유명한 사람을 생각나게 하는가? 연결을 위해 필요한 것은 오직 사소한 특이성이나 버릇으로 충분하다. 이미지가 고정되고 이름과의 연상이 만들어지면, 나는 여행의 다음 단계로, 그리고 다음 사람에게로 넘어간다. 그곳에 있는 모든 사람의 얼굴과 이름을 암기할 때까지 이 과정은 계속 이어진다.

MEMORY TRAINING
10

우리, 혹시 어디서 만난 적이 있나요?

사람들로 가득 찬 방에서 모두의 이름을 외워야 하는 경우를 대신할 수는 없지만, 이 훈련법은 훌륭한 차선책이 될 수 있다. 또 세계 기억력 챔피언십에서도 정확히 같은 방식이 사용되므로 실전 연습으로 손색이 없다. 다음 10명의 얼굴을 살펴보라.

브라이언 맥그래스

재클린 데이시

벤 코번

찰리 놋

조지프 플루트

주디 배럿

압둘라 싱

메리엘 돌비

테드 도일

에마 스티븐스

앞에서 개략적으로 설명한 기술들을 활용하여 각각의 이름과 얼굴 사이의 연결을 만들기 위해 강력한 상상력을 발휘해보자 도움이 된다면 여행을 사용할 수 있지만, 여기서는 올바른 순서로 회상할 것을 요구하지는 않으므로 필수는 아니다. 암기 시간은 5분이다 회상 시간은 원하는 만큼 사용해도 좋다. 5분이 지나면 같은 얼굴들이 다른 순서로 배치되어 있는 'MEMORY TRAINING 10-1'로 넘어간다.

♥♣♠♦

누구에게나 기억이 흐려지는 '망각의 경계'가 있다

이 시스템은 사람들이 강당에 앉아 있든 주위를 돌아다니든 그것과 상관없이 작동한다. 암기할 때와 같은 위치에 있지 않더라도 그들의 모습을 다시 보자마자 해당 여행의 단계에서 그들을 '배치'할 수 있기 때문이다.

그러나 나는 강당이나 홀에 있는 모든 사람을 단번에 암기하지는 않는다. 우리 모두는 '망각의 경계'를 갖고 있으며, 그 이후부터는 기억이 조금씩 흐려지기 시작한다. 그 경계는 암기하는 내용에 따라 달라질 수 있는데, 나의 경우 숫자약 200개와 카드약 100장에 대해서는 매우 높지만 이름과 얼굴에 대한 경계는 15명에 불과하다.

15번째 이름과 얼굴을 기억한 후에는 내가 만들어온 연결을 강화하기 위해, 그때까지 이루어진 여행에 대한 검토와 더불어 단계와 연상들을 되짚어보아야만 한다. 가끔은 처음에 만든 연결이 충분히 강력하지 못해 이름을 다시 말해달라고 요청해야 하는 경우가 생기기도 한다. 한 번의 검토만으로 충분하다면 자신 있게 다음 15명의 얼굴과 이름으로 이동할 수 있다. 물론 당신의 망각의 경계 값은 15명보다 더 크거나 작을 수 있다. 따라서 시행착오를 통해 자신의 망각의 경계가 얼마인지를 확인하고 적절히 검토할 여유를 만들어두는 것이 중요하다.

♥♣♠♦

연습이 완벽을 만든다

SNS는 이름과 얼굴을 암기하는 능력을 테스트하기 위한 경탄할 만한 공간이다. 만일 당신이 이름과 얼굴 암기를 진정으로 잘하고 싶다면, 그리고 연습만이 유일한 방법이라고 여겨진다면, 페이스북에 접속해서 누군가의 이름과 얼굴을 무작위로 선택하고 그 사이의 연결을 연습해보기를 추천한다. 당신은 곧 연결을 만들어내는 자기만의 직관을 개발하게 될 것이다. 지금은 일단 훈련을 마저 마무리해보자위치가 뒤섞인 얼굴 사진들이 나오는 'MEMORY TRAINING 10-1'가 다음 페이지에서 계속된다 .

♥♣ MEMORY TRAINING
♠♦ 10-1

우리, 어디서 만난 적이 있지요!

앞서 암기한 것과 똑같은 10명의 얼굴이 있다. 그러나 이번에는 위치가 뒤섞여 있다. 당신은 이들의 이름을 기억할 수 있는가? 성과 이름을 따로 헤아려 각각 10개씩 모두 20개의 이름이 있다. 정확히 맞힌 각각의 이름에 1점씩 매겨보자. 12~15점이면 좋은 점수이며, 16점 이상은 아주 훌륭하다.

1

2

3

4

5

6

7

8

9

10

AMAZING MEMORY 05

챔피언십 연습 세 번째, 추상적 이미지 암기하기

2006년 나는 세계 기억력 챔피언십에 '추상적 이미지'라는 새로운 종목을 도입했다. 이것은 기억에 대한 완벽한 시험이라고 할 수 있는데, 언어능력, 수학적인 능력 및 추론 등은 이 과제를 제대로 수행하는 데 요구되지 않는다.

만약 상상력을 활용한 기억력의 기민함에 대한 순수한 시험을 원한다면, 이 종목이야말로 기억력의 평등주의를 구현한 것이다. 이 종목의 암기 시간은 15분, 참가자들은 한 줄에 다섯 개씩 제시된 흑백의 추상적인 도형들을 가능한 한 많이 외워야 한다. 15분이 지나면 같은 이미지를 순서만 바꾼 종이가 제공된다. 참가자들은 각

이미지의 원래 위치를 기억해내 종이 위에 번호를 매겨야 한다. 나는 이미지들을 하나씩 살펴본 뒤 가장 먼저, 그리고 가장 빠르게 나타나는 시각적 연상을 찾음으로써 도전 과제에 접근한다.

다음 다섯 개의 이미지가 첫 번째 줄이라고 하자. 무엇이 보이는가?

1 2 3 4 5

나의 눈에 그들은 이렇게 보인다.

1. 염소 머리
2. 정원의 요정
3. 다람쥐를 타고 있는 거대한 기수
4. 토끼
5. 날고 있는 박쥐

이제 나는 이미지의 올바른 순서를 암기하는 데 도움이 되는 이야기를 만들기 위해 위의 연상을 활용한다. 예를 들어 나는 염소가 정원의 요정을 먹고 있는 상상을 한다. 그러는 동안 경주용 다람쥐가 그 옆을 스치고 지나간다. 다람쥐는 토끼 위로 점프하는데, 토끼는 박쥐를 먹고 있다.

계속해서 나는 이 짧은 이야기가 첫 줄의 이미지라는 사실을 나타내기 위해, 추상적 이미지를 위한 내 여행의 첫 번째 단계우리 집 뒤뜰에 그것을 배치한다. 그리고 정확히 같은 방식으로 다음 줄에 있는 다섯 개의 이미지를 암기하고, 그것을 여행 두 번째 단계뒤뜰 헛간 주변에 배치한다. 요컨대 여행은 줄의 순서를 보존하고, 내가 만들어내는 각각의 이야기들은 줄 안에 있는 이미지들의 순서를 보존하는 식이다.

다음은 두 번째 줄의 예시다이번에는 이미지에 번호를 매기지 않았다. 챔피언십 종목에서도 번호가 매겨지지 않으므로 이쪽이 더 현실적이다.

당신 마음에는 이들이 어떤 사물을 연상시키는가?

왼쪽부터 차례로 내게는 익살스러운 작은 외계인, 위를 쳐다보는 푸들, 기도하는 사람, 이상한 모자를 쓴 코가 큰 사람, 짧은 뿔을 가진 사슴이 보인다. 그래서 나는 외계인이 푸들이 지키고 있는 정원 헛간의 문을 여는 상상을 한다. 안에는 자비를 구걸하는 사람이 있는데, 그는 모자를 쓴 남자에게 포로로 잡혀 있다. 헛간 벽에는 짧은 뿔을 가진 사슴의 머리가 걸려 있다. 다음은 동일한 두 줄의 이미지들이지만 순서가 다르다.

뒤뜰에서부터 장면을 재생함으로써, 윗줄의 이미지는 원래 순서를 4, 3, 2, 5, 1 순으로 배열한 것임을 알게 된다.

원래의 두 번째 줄을 보지 않고 순서를 기억할 수 있는가?

위의 예시를 통해 당신에게 나의 연상을 알려주었지만, 다른 연상이 당신에게는 더 명백하게 보일 수도 있다. 과제의 목표는 가능한 한 빨리 연상을 찾고, 기억에 남을 만한 이야기로 신속하게 작업하는 것이다. 이는 상상력과 연상 기술을 연마할 수 있는 훌륭한 방법이다. 다음 페이지에서 직접 훈련해보자.

MEMORY TRAINING
11

원래 순서대로

1단계에서 세 줄의 추상적 이미지를 암기한다. 주어진 시간은 5분이다시간이 다 되면 알려 줄 타이머를 설정하자. 그런 다음, 2단계에서 뒤섞인 이미지들을 원래 순서대로 복원해본다. 두 줄을 올바른 순서로 완전하게 기억해내면 우수한 경우며, 세 줄 모두를 기억해내면 아주 훌륭하다.

1단계. 이미지를 암기한다.

2단계. 이미지의 순서를 맞춘다.

CHAPTER 04.

일상생활에서 당신을 성장하게 하는 '완벽한 기억법'

AMAZING MEMORY 01

사람들 앞에서 이야기해야 할 때

기억력 챔피언이 된 이후 나와 처음 만나는 사람들은 내가 완벽한 기억력을 선보여 주리라 기대했고, 나는 곧 텔레비전 프로그램에 출연해 기억력 기술을 보여주기 시작했다. 생각해보라, 나는 자존감이라고는 전혀 없는 성장기를 보낸 사람이었다. 그러던 내가 갑자기 지성을 뽐내고, 생각을 분명하게 말하고, 수백만 명의 사람들 앞에서 수줍음을 극복하는 법을 배워야 했다. 내가 뛰어난 두뇌 능력을 소유하고 있다는 사실을 나 자신에게 증명할 수 있어서 얼마나 다행이었던지! 그럼에도 대중 연설은 확실히 내 분야가 아니었다. 그때까지는 거기에 대해 걱정할 일도 없었다.

19세기 미국 소설가 마크 트웨인《허클베리 핀》으로 유명한이 미국 남북 전쟁의 위대한 주역들과 함께하는 저녁 식사 자리에 연사로 초청된 적이 있었다. 길고 장황한 연설들이 끝난 뒤, 트웨인은 자리에서 일어나 신경질적으로 "카이사르와 한니발은 죽었습니다. 웰링턴은 더 나은 세상으로 갔고 나폴레옹은 땅에 묻혀 있지요. 그리고 솔직히 말해, 나는 오늘 별로입니다"라고 말하고는 즉시 앉아버렸다.

세월이 흘러도 상황은 변하지 않은 듯 보인다. 미국의 한 설문 조사에 따르면, 많은 사람이 다른 사람들 앞에서 연설하는 것을 죽음보다 더 두려워한다고 한다.

발표 불안의 가장 큰 걱정은 머릿속이 텅 비어버린다거나, 모호한 소리만 계속 한다거나, 최악의 경우 목소리가 전혀 나오지 않는 것들일 것이다. 그렇다면 미리 적어 온 내용을 읽으면 되지 않을까?

당신이 들은 가장 인상적인 연설을 떠올려보라. 눈을 내리깔고 손으로 종이를 넘기면서 연설하는 사람이 있었는가? 아마 없었을 것이다. 가장 매력적이고 감동적인 연설은 청중과 눈을 마주치며 미소 짓고 자연스럽게 우러나오는 것처럼 말하는 사람의 연설이다.

발표나 연설할 일이 있다면 내용을 미리 암기하자. 그러면 사람들은 당신의 말을 듣고 싶어 할 것이다. 그리고 그것이 바로 내가 사람들 앞에서 이야기하기 시작했을 때, 카메라 앞과 뒤에서 스스로 마스터해야 했던 일이다.

♥♣♠♦

발표는 준비부터가 시작

연설 준비가 부족하면 출발부터 어긋나게 된다. 좋은 연설에 대한 내가 아는 최고의 명언은 "당신이 말하려는 것을 말하고, 그것을 말하고, 방금 말한 것을 말하라"다. 연설문을 쓰기 전에 미리 계획을 세운다면, 관련이 없거나 지루한 정보를 편집하여 연설문을 일관되게 구성할 수 있다. 실제 연설문 작성은 그 후에 시작하면 된다.

가장 좋은 준비 방법은 마인드맵이다. 마인드맵은 세계 기억력 챔피언십의 공동 창립자인 토니 부잔이 고안한 것으로, 중심 주제에 관한 정보를 구성하는 시각적 수단을 제공한다. '맵지도'의 중심에 주제지금의 경우, 당신의 연설 주제가 있다. 아이디어와 생각이 떠오를 때면 가지가 중앙에서 뻗어 나와, 당신이 말하고 싶은 모든 것을 보여주는 그림이 완성될 때까지 이어진다. 마인드맵의 목표는 이러한 개요가 주제의 요소들 간에 연결이 이루어지는 위치를 보여주고, 자연스럽고 일관된 구성을 제공하게 하는 것이다.

연설이 인터넷에 관한 것이라고 가정해보자. 종이 한가운데 원을 그려 그 안에 '인터넷'이라고 쓰거나 컴퓨터 그림을 그려넣는다. 마인드맵을 효과적으로 만들려면, 중앙 이미지에서 나오는 각각의 가지마다 다른 색을 사용하면 된다. 색으로 구분되어 있으면 지도를 탐색하기가 훨씬 쉬우며 기억하기에도 좋다노선 라인이 색상별로 구분되

· 마인드맵 만들기

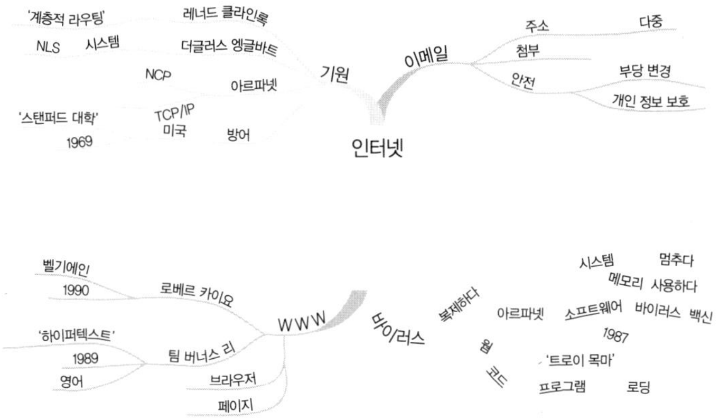

마인드맵에서는 핵심 주제가 그림 중앙에 나타나며, 중요한 아이디어와 정보가 바깥으로 방사된다. 그림을 통해 정보를 논리적으로 정리할 수 있기 때문에 시각적 기억 유발 장치를 생성하면서 일관된 이야기를 구성할 수 있다.

지 않은 경우 지하철 노선을 찾기가 얼마나 어려울지 생각해보라. 예컨대 이메일은 갈색, 바이러스는 빨간색, 월드와이드웹은 녹색, 인터넷의 기원은 노란색 등으로 사용할 수 있다. 각 주요 지점에서 하위 주제하위 분기가 발생하는데, 아이콘과 키워드의 조합으로 된 기본 가지를 따라 하위 주제를 구성하면 된다.

마인드맵의 가장 큰 장점은 선형적인 제한에 얽매이지 않기 때문에 뇌가 창조적으로 계획을 세울 수 있다는 것이다. 한 가지 주제를 마무리하지 않고도 다른 주제들과 하위 주제들을 첨부할 수 있다. 마침내 모든 항목을 한눈에 볼 수 있게 작업이 끝나면, 맨 먼저 이야기할 가지는 무엇이며 거기서 어떻게 이어 나갈지, 모든 가지를 다룰 때까지 결정해나갈 수 있다. 나는 가장 자연스럽고 논리적인 표현 순서를 만들기 위해 주요 가지와 하위 가지에 번호를 매긴다.

이렇게 해서 연설을 어떻게 구성할지 결정한 후, 마인드맵의 번호를 지침 삼아 주요 포인트들의 목록을 만든다. 긴 연설에서는 20개까지 필요하기도 하지만, 짧은 연설의 경우 보통 5개의 주요 항목을 이용한다항목당 연설 시간은 2~5분이 걸린다. 주요 항목의 목록을 만들었다면 여행법을 사용해 암기할 차례다.

♥♣♠♦

연설을 이끄는 여행법

여행법은 연설을 순조롭게 진행할 수 있도록 기억력을 완벽하게 보조해준다. 당신은 여행을 통해 정지 지점에서 다음 지점으로 이동하는 것을 상상할 수 있다. 따라서 누군가 질문으로 흐름을 방해하더라도 즉시 중단되었던 여행의 위치로 돌아가서 다시 시작할 수 있다.

따라서 주요 항목들을 얻은 후에는, 선택한 여행나는 기억 여행 은행에 몇 가지 좋아하는 연설 여행을 갖고 있다의 정지 지점에 멈출 때마다 그것을 시각적으로 표현할 수 있어야 한다. 나의 경우 시각적 단서들을 가능한 한 간단하게 유지하려고 하지만 당신은 말하기를 원하는 특정한 것, 예컨대 관련 날짜를 기억하기 위해 각각의 정지 지점에서 마음속으로 작은 장면을 재연해야 할 수도 있다.

인터넷에 대한 연설을 한다고 가정해보자. 나는 그 기원에 관한 정보로 연설을 시작할 수 있다. 인터넷은 미국의 방어를 위해 사용된 시스템에서 비롯된 것으로 알려져 있다. 내 여행이 우리 집 현관에서 시작된다면, 나는 이것을 버락 오바마가 초인종 대신 커다란 빨간색 경고 버튼을 누르는 것으로 시각화할 것이다. 이는 인터넷이 사용된 특정 방어 전략에 대해 내가 조사한 내용을 촉발시키기에 충분하다. 그러나 이 모든 일이 발생한 1969년은 어떻게 확실히 기억할 수 있을까?

나는 도미니크 시스템을 사용해 1969에 대해 AN과 SN을 얻었고, 이를 스웨덴 과학자 알프레드 노벨노벨상의 창설자과 배우 샘 닐로 전환했다. 따라서 나는 버락 오바마에게 상을 주기 위해 문을 열고 나온, 공룡 코스튬을 입은〈쥬라기 공원〉에서 주연을 맡은 샘 닐을 위한 나의 소품 알프레드 노벨을 상상한다. 이런 이미지들이라면 나는 인터넷의 기원에 대해 몇 분 동안 이야기할 수 있다. 일단 연설을 시작하면, 마인드맵의 시각적 기억이 다시 나타나 공백을 채워준다. 그리고 나는 마음속으로 내 여행의 다음 정지 지점을 향해 이동해서 다음 포인트로 넘어간다.

♥♣♠♦

연결법의 적용

나는 텔레비전에 나오는 유명인부터 사업가에 이르기까지 다양한 고객을 보유하고 있으며, 이들은 암기 기술에 대한 도움을 받기 위해 나를 찾아온다. 고객 중에는 영국의 인기 코미디언도 있다. 몇 년 전부터 그는 자신의 연기에 넣을 개그를 기억하는 데 도움을 받기 위해 프롬프터를 사용하는 습관을 갖고 있었다. 그의 앞에 놓인 화면은 각각의 개그나 정해진 연기에 대해 두세 개의 단어로 구성된 설명을 보여주었다. 대사를 말하면서, 프롬프터를 통해 다음에

이어질 개그를 가리키는 단어를 볼 수 있었던 것이다.

처음에는 시스템이 잘 작동해서, 그가 프롬프터를 보고 말한다는 느낌 없이 농담들이 순조롭게 이어지도록 도와주었다. 그러나 점차 기억에 대한 자신감이 사라지자 그는 더 많은 단어를 프롬프터에서 사용하기 시작했다. 개그마다 한두 개의 단어를 사용하던 전과 달리 개그의 각 요소마다 한두 개의 단어를 사용했는데, 이는 전체적인 흐름을 점점 부자연스럽게 만들었다. 프롬프터가 그의 작업 기억을 대체하는 역할을 하고 있었던 것이다. 심각한 의구심이 들기 시작하자, 그는 도움을 요청하기 위해 내게 전화를 걸었다.

나는 그에게 여행법을 소개했고, 그에게 안성맞춤이었다. 고도로 창조적인 상상력을 가진 그는, 각 에피소드나 농담의 요소를 분리하고 경로의 관련 단계에서 그것을 코드화된 핵심 이미지로 한 번에 하나씩 게시하는 정신적인 여행을 사용하는 데 아무런 문제가 없었다. 그의 개그는 모두 그의 머릿속에 들어 있었기 때문에, 그는 개그마다 원하는 만큼의 단서를 사용할 수 있었다. 관객에게 미리 짠 것처럼 비칠 걱정도 전혀 없었다.

그러나 여행법만으로는 하나의 개그에서 다음 개그로 이동하는 데 도움을 줄 수 없었다. 이를 보완하기 위해 그는 자신의 여행에 연결법 1장 AMAZING MEMORY 07 참조을 통합했다. 개그가 하나 끝나면 그의 여행이 끝나면, 그는 다음 개그의 핵심 이미지가 그의 상상 속에서 신호를 받고 자신을 기다리는 것을 확인한다. 이것이 기억 유발 장치 역할을 하는 것이다.

예를 들어 그가 지금 말하고 있는 이야기가 강의 보트를 배경으로 하고 있고, 이어질 개그는 그의 삼촌과 관련 있다고 해보자. 그는 보트에 대해 펀치라인농담의 급소가 되는 문구-옮긴이을 제공하면서, 익숙한 자세로 강둑에 서 있는 삼촌을 마음속으로 바라본다. 그의 삼촌이라는 핵심 이미지는 그가 자신의 레퍼토리에서 다음으로 넘어가도록 기억의 조언자 또는 정신적인 신호로 작용한다그리고 이는 그가 다음 여행을 시작하게 만들기에 충분하다.

하나의 재미있는 이야기나 개그의 요소를 암기하기 위한 익숙한 경로와 그것들을 서로 연결하기 위한 연결법을 함께 사용해, 그는 세련되고 설득력 있는 기술을 얻었다.

물론 이런 방식은 코미디 쇼만이 아니라 긴 연설이나 협상에도 사용할 수 있다. 예를 들어 당신이 직장에서 신입사원 그룹의 교육을 담당하게 되었다면, 당신은 아침 내내 몇 가지 주제를 다루어야 할 것이다. 건물 구조 안내, 회사의 기풍, 주요 업무, 전화 시스템 등이 당신이 알려주어야 할 내용들이다. 코미디언이 특정 개그에 대한 여행을 만들고 하나의 개그에서 다음 개그로 이어지는 연결을 사용하는 것과 같은 방식으로, 당신은 하나의 주제당 하나의 여행을 사용하고 각각의 여행이 끝날 때 다음 주제에 대한 시각적 상징을 생각낼 수 있도록 연결법을 활용할 수 있다. 이 시스템의 가능성은 무한하다.

코미디 쇼

코미디언이 빠른 말투로 쏟아내는 개그를 듣고, 친구들에게 말해주겠노라 다짐한 뒤 완전히 잊어버린 적이 있는가? 여행법은 그런 경험을 영원히 바꿔줄 수 있다. 다음에 제시된 10개의 농담마다 관련된 이미지들을 만든 다음, 10단계 여행에 그것들을 배치해보자. 그리고 친구를 위해 코미디 쇼를 공연함으로써 그 효과를 시험해보라! 5개 또는 6개의 농담을 연속으로 말할 수 있다면 우수한 것이고, 7개 이상이면 아주 훌륭하다.

1. 어린 소녀가 크리스마스에 마법 지팡이를 원한다고 아빠에게 말한 다음, "배터리 넣는 거 잊지 마세요!"라고 덧붙였다.
2. 복권 : 수학을 못하는 사람들에 대한 세금!
3. 교외 : 나무들을 뽑아버리고는 그 나무들 이름을 따서 거리명을 지은 곳!
4. 한 승려가 핫도그 가게에 가서 "모두 넣어서 하나 주세요!"라고 말했다.
5. 돈이 말한다Money talks, 원래는 '돈이면 다 된다'는 의미-옮긴이.
   내 돈은 보통 "안녕!"이라고 말해.
6. 산타의 어린 도우미는 왜 우울했을까? 엘프 존중감자아 존중감self-esteem에서 s를 뺀 우스개 표현-옮긴이이 낮아서.
7. 처음에 성공하지 못한다면, 스카이다이빙은 당신에게는 맞지 않는 것이다.
8. 동물 시험은 끔찍하다. 동물들이 모두 긴장해서 오답만 말한다!
9. 젖소에게 농담을 한다면, 너무 웃어서 우유가 코에서 나올 수 있지 않을까?
10. 쇼핑센터 한 곳을 봤다면, 당신은 전부를 본 것이다쇼핑센터를 뜻하는 the mall의 발음이 them all과 비슷한 것을 이용한 말장난-옮긴이.

AMAZING MEMORY 02

40년 동안 영국에서 1위 한 곡 기억하기

1993년 여름, 나는 한 라디오 방송의 '기억력 사나이'가 되어 영국 전역을 순회했다. 방송 콘셉트는 지난 40년간 영국에서 1위를 차지한 곡들에 대한 나의 지식을 시험해보는 것이었다. 일주일에 한 번, 디제이는 로드쇼에 모인 청중들에게 그들의 생년월일을 외치라고 부탁했다. 그러면 나는 해당 청중에게 그날 영국 싱글 차트 1위 곡의 제목과 아티스트명, 그 곡이 몇 주 동안 1위를 차지했는지, 어떤 음반사를 통해 발표되었는지를 알려주었다.

예를 들어 누군가가 자신의 생년월일이 1956년 2월 23일이라고 외쳤다면, 나는 그날의 넘버원 싱글이 딘 마틴의 〈Memories Are

Made of This〉라고 말해주는 식이다. 그 노래는 4주 동안 1위를 차지했고, 캐피톨 레코드를 통해 발표되었다.

나는 그것을 어떻게 알 수 있었을까? 1위 곡들을 기억하기 위해 우선 넘버원 곡들을 배출한 40년이라는 연도들에 저마다의 여행을 부여했다. 그리고 해당 연도의 각 달을 '경로 상의 지역'에 하나씩 배치하고, 그 달의 넘버원 싱글을 각각 그 지역 내의 특정 단계에 배치했다. 매년 20곡 정도의 1위 곡이 있었기 때문에, 대략 20단계월 지역들로 세분된를 가진 40개의 여행이 필요했다. 각 단계에서 나는 주간 차트가 공개된 날짜, 곡명, 아티스트, 1위에 머무른 기간 및 음반 레이블에 대해 코딩된 장면을 배치했다.

딘 마틴 싱글의 경우, 그 과정은 다음과 같았다. 청중이 1956년에 태어났기 때문에 나는 즉시 그해와 관련한 나의 경로로 이동했다. 그곳은 나의 처남 집 위층이며, 2월은 복도로 표시되었다. 이로써 나는 '연'과 '월'에 대한 위치를 잡았다.

청중의 생일은 2월 23일이었고, 내 기억에 그 주는 2월 21일에 차트가 발표되었다. 2월 21일은 열쇠를 들고 있는 친구 줄리아21은 'key to the door'와 운율이 유사하고 줄리아는 항상 커다란 열쇠 뭉치를 갖고 다녔다의 시각적 단서로 표현되며, 그녀는 복도의 수건장 문 앞에 서 있다. 수건장 안으로 커다랗고 맥박이 뛰는 뇌가 보이는데, 이것은 〈Memories Are Made of This〉의 유발 장치다.

딘 마틴은 머리에 흰 모자를 쓰고 있는데, 이것은 내게 캐피톨

Capitol. 즉 미국 국회의사당은 흰색 돔이 솟아 있다-옮긴이 레코드사의 이미지를 제공한다. 하지만 그는 수건장 옆에 서 있는 것이 아니라 요트를 타고 있으며, 돛은 숫자 4의 모양과 유사하다. 그의 노래는 4주 동안 1위를 차지했다만일 한 달 안에 여러 곡이 1위를 했다면 다른 곡들이 같은 장소 내의 다른 지점들에서 나타난다. 딘 마틴은 1956년 2월 내내 1위를 유지했다.

♥♣ MEMORY TRAINING
♠♦ 13

히트송 10곡

여기 1980년대 영국의 10대 넘버원 싱글을 선정해놓았다. 각각의 노래가 1위를 차지한 연도를 암기해보자. 도미니크 시스템을 사용해 연도를 인물로 변환한 다음, 노래 제목과의 연상을 형성하는 데 사용하면 훨씬 쉬울 것이다. 예를 들어 나의 경우 88HH은 레슬러인 헐크 호건이 된다. 헐크와 1위 곡을 연결하기 위해 나는 원숭이와 씨름하는 그를 상상하고, 이때 조지 마이클은 심판이 된다.

당신에게는 10분이 시간이 주어질 것이다. 암기를 마친 후, 연도, 곡명, 아티스트를 종이에 적어 보자. 각 노래에 대해 최대 3점을 얻을 수 있다연도, 제목, 아티스트에 대해 각각 1점씩. 18~24점은 우수, 25점 이상이면 훌륭한 점수다.

1980, 〈Rock with You〉, 마이클 잭슨

1981, 〈Physical〉, 올리비아 뉴턴존

1982, 〈Eye of the Tiger〉, 서바이버

1983, 〈Beat It〉, 마이클 잭슨

1984, 〈Jump〉, 반 헤일런

1985, 〈Heaven〉, 브라이언 애덤스

1986, 〈Sledgehammer〉, 피터 가브리엘

1987, 〈Open Your Heart〉, 마돈나

1988, 〈Monkey〉, 조지 마이클

1989, 〈Eternal Flame〉, 뱅글스

♥♣♠♦

니모닉 장치

도미니크 시스템과 여행법을 사용해 사실과 숫자를 암기한다면 당신은 일반 상식 퀴즈에서 만만찮은 상대가 될 것이다나 또한 한 퀴즈게임의 모든 정답을 암기할 수 있었다!. 그런데 암기 기술에 대한 우리의 레퍼토리 안에는, '니모닉 장치'가 확고한 자리를 차지하고 있다.

그리스 신화에 나오는 기억의 여신 '므네모시네'의 이름에서 유래한 단어인 니모닉은 우리가 정보의 일부를 기억하는 데 도움이 되는 모든 장치를 일컫는다. 기억에 대해 지금까지 당신이 배운 여행법, 숫자 모양 및 운율 시스템 그리고 기타 모든 비법은 전부 니모닉 체계에 속한다. 니모닉은 우리가 의미 있는 상징, 그림, 단어 및 어구로 정보를 변환할 수 있게 함으로써 마음속에 그것들을 쉽게 저장할 수 있도록 돕는다결국 다시 불러오는 것도 쉽게 해준다. 가장 간단한 니모닉 시스템 중 몇 가지는 사실이나 사소한 일들을 저장하는 데 유용하다. 다음은 내가 좋아하는 니모닉들 중 일부다.

약어 및 확장된 약어

LOL, BTW, KIT……. 우리는 문자 메시지, 트위터, 인스턴트 메시지 등이 우리에게 속기 통신을 하도록 권장하는 세계에 살고 있다. 우리 중 많은 사람이 일상적인 소통 상황에서 머리글자를 약어용으로 사용한다. 참고로 위 보기들은 'laugh out loud큰 소리로 웃다', 'by the way그런데', 'keep in touch계속 연락해'를 뜻한다. 꼭 문자 메시지가 아니더라도 당신은 BBC 또는 CBS, ADHD나 NASA에 대해 말할 때마다 약어를 사용할 것이다.

두문자어의 경우는 훨씬 쉽다. 두문자어란 기억하고 싶은 단어들의 머리글자들을 사용해, 인식 가능한 또 다른 단어를 만드는 것이다. 예를 들어 원자에 대해 배운다면 당신은 원자가 양성자proton, 전자electron, 중성자neutron 즉 PEN으로 구성된다고 외울 수 있다.

한편 확장된 약어는 각 단어의 문자를 가져와 기억에 남는 문장을 만드는 것이다. 예를 들어 7대륙Europe, Asia, Africa, Australia, Antarctica, North America, South America: 유럽, 아시아, 아프리카, 오스트레일리아, 남극, 북아메리카, 남아메리카을 외우려면 'Eat An Apple As A Nice Snack'이라는 문구를 생각하면 된다.

확장된 약어는 복잡한 해부학 용어를 기억해야 하는 의대생들이 유용하게 사용할 수 있다. 손목에 있는 여덟 개의 작은 뼈 이름인 'Navicular, Lunate, Triquetral, Pisiform, Greater Multangular, Lesser Multangular, Capitate, Hamate'는 'Never Lower Tilly's Pants, Mother Might Come Home!'이 된다.

아홉 명의 뮤즈를 암기하기 위해서는 확장된 약어를 어떻게 사용할 수 있을까?참고로 이들은 므네모시네와 신들의 왕인 제우스의 딸들이다 그들의 이름은 다음과 같다.

Calliope Clio Erato Thalia Euterpe Melpomene

Terpsichore Polyhymnia Urania

이 경우 규칙을 약간 수정해서, 문자나 소리를 조금 더 사용함으로써 보다 유동적인 문장을 만들 수도 있다. 'Call Clio ET. YouEu Twerp Mel, Turps isn't Polyurethane!' 이 버전의 이점은 이름들의 소리를 더 많이 제공하기 때문에 특히 익숙하지 않은 이름이나 용어를 외울 때 도움이 된다.

나는 약어와 같은 니모닉 장치들을 나의 '포켓' 암기 기술로 생각한다. 즉 그것들을 선택함으로써 사실을 더 쉽게 포착하고, 손쉽게 사용할 수 있는 기억 시스템으로 여긴다.

AMAZING MEMORY 03

다 읽긴 했는데 머릿속에 남은 게 없다면!

우리는 많은 장소에서 정보를 수집한다. 당신이 학생이라면 교실에서 수업을 받거나 책, 교육용 영화 또는 인터넷을 통해 직접 학습할 수 있다. 당신이 사업가나 교사일 경우, 읽고 이해해야 하는 보고서, 교육용 자료, 간행물 등을 갖고 있을 것이다. 그러나 당신이 받아들인 정보는 두뇌에 있는 장기 보관소로 옮겨져야만 비로소 당신의 것이 된다. 그래야 그 정보들을 시험장, 회의실, 교실에서 필요할 때 마음껏 찾아 쓸 수 있다.

우리는 대체로 학교에서 공식적인 교육을 받는다. 우리가 학교에서 배운 정보를 실제로 얼마나 기억하느냐에 대한 추정치는 다양하다. 캘리포니아의 윌리엄 글래서 연구소의 조사에 따르면, 우리는 읽어서 받아들인 정보의 약 10퍼센트만을 유지하는 반면, 보고 들은 정보는 절반가량을 기억하며, 개인적인 경험은 약 80퍼센트의 유지율을 보인다. 또한 해당 연구는 우리가 무언가를 적극적으로 가르칠 경우, 다른 사람들에게 전달하는 정보의 약 95퍼센트를 기억 속에 유지한다는 사실도 보여준다.

이러한 결과는 우리에게 무엇을 말해주는가? 가장 중요한 첫 번째 사실은 우리가 '활동적인' 상황에 적극적으로 참여할 때, 정보를 유지할 가능성이 더 높다는 점이다. 두 번째 사실은 개인적인 경험행동과 감각 포함이 읽기와 같은 분리된 학습 방법보다 정보를 장기간 기억하고 복원할 수 있는 가능성을 훨씬 높인다는 점이다. 우리는 누군가에게 정보를 가르칠 때 이러한 사실들을 반복하고 이해해야 한다. 초기 학습을 강화시켜 정보를 머릿속에 깊이 심어주기 때문이다.

학습 성공에 관한 네 가지 핵심 기술은 다음과 같다.

♥♣♠♦

1. 효율적이고 효과적으로 읽기

대학에서 어떤 주제에 대해 배우든, 아니면 팀 미팅에서 발표할 인물에 대해 공부하든, 우리에게 필요한 방대한 정보는 바로 읽기에서 나온다. 인쇄된 글자를 통해 학습의 효율성을 극대화하려는 경우, 모든 세부적인 내용을 유지하려고 노력하면서 더 천천히 그리고 신중하게 읽는 것이 성공으로 가는 지름길이라고 생각할지 모른다. 그러나 관련 연구들은 보다 빨리 읽는 편이 정보를 고정시키는데 더 효율적이라는 사실을 보여준다.

가장 좋은 방법은 글을 읽을 때 당신이 읽는 단어들을 가리킬 수 있는 포인터를 사용하는 것이다. 펜이나 손가락을 사용해도 된다. 연구에 따르면, 각각의 단어를 가리키면서 읽으면 집중도가 크게 증가하고 속도 역시 놀라울 정도로 빨라진다고 한다.

♥♣♠♦

2. 핵심 사항 메모하기

나는 한 번에 20분씩 읽는 것을 추천한다. 20분에 한 번씩, 메모를 할 수 있게 적절한 정지 지점을 찾아 멈추는 것이다. 그리고는 읽은 내용의 요점을 확인해 종이에 적어두면 된다. 마인드맵은 정보에 대한 완벽한 시각적인 저장소다. 주제에 맞게 작성하는 방법은 앞에서 자세히 다루었다. 이때 되돌아가서 다시 확인하는 일 없이, 방금 읽은 내용이 저장된 기억에서만 내용을 불러올 수 있다면 가장 이상적이다. 이를 지키려면 메모 작성 속도는 느려질 것이다그러나 필요하다면 다시 되돌아가 살펴보아도 해가 될 일은 없다.

♥♣♠♦

3. 요점 암기하기

일단 요점을 파악하고 나면, 정보를 정리하고 그것을 암기할 수 있는 형태로 코드화한다. 이는 우리가 앞서 다룬 연설문 암기법과 같은 방식이다. 마인드맵에서 주제의 주요 지점들에 번호를 매기고, 그 지점들을 목록으로 적은 다음 각각을 시각적인 키로 변환한다. 그리고 적절한 수의 단계로 구성된 여행에 이 시각적인 키들을 배치한다. 짜잔! 이로써 당신은 방금 읽은 정보의 핵심 요소들을 암기해냈다.

날짜 암기

역사학이나 문학, 경제학 또는 지리학을 공부할 때 날짜를 효과적으로 암기할 수 있는 능력은 중요하다. 역사를 공부 중이고 미국 독립전쟁의 주요 날짜들을 기억해야 한다고 해보자. 전쟁은 1775년 4월 19일에 시작되었다. 영국군과 미군 간의 첫 번째 주요 전투인 벙커힐 전투는 1775년 6월 17일 발발했으며, 미 해군은 1775년 11월

28일 영국군과 싸우기 위해 설립되었고, 1776년 1월 9일 토머스 페인의 소책자 《상식》이 출판되었다. 그리고 1776년 7월 4일, 마침내 미국 독립 선언이 이루어졌다.

당신의 여행들 중 하나로 이러한 날짜와 사건들을 외워보자. 학교 주변을 여행하는 경로가 있다면 효과가 좋을 것이다. 준비가 되면 각각의 사건과 날짜를 코딩해 정지 지점마다 다채로운 장면으로 배치한다. 첫 번째 정지 지점이 학교 정문이라고 하자. 거기에 배치해야 하는 정보는 전쟁이 시작된 날인 1775년 4월 19일이다.

나의 경우, 학교 정문에서 발사되기 시작한 권총을 상상한다. 하늘에선 세찬 비가 퍼붓고 있다“4월의 소나기가 5월의 꽃을 피운다”. 빗속에 내 친구 앤19/AN, 앤이라는 이름의 소리 촉발 장치이 우산을 들고 서 있다. 이제 도미니크 시스템을 사용해 연도만 추가하면 된다. 나는 비에 젖은 전 부통령 앨 고어17/AG, 앨 고어의 머리글자를 편안하게 가죽 의자75/GE, 내가 좋아하는 가죽 의자에서 영화를 보던 친구 게리의 소품에 앉힌다.

다른 날짜와 사건들에 대해서도 동일한 과정을 거쳐 경로를 따라가며 정보를 배치한다. 마지막으로 내게는 학교 강당의 공식 연설 행사에서독립 선언을 나타내기 위해 올림피아 듀카키스OD/04, 4일와 악수하는 친구 줄리7월가 보인다. 앨 고어AG/17는 그웬 스테파니76/GS의 특성을 갖고 있는데, 표백한 금발 머리로 연단 옆에 서 있다.

♥♣♠♦

4. 학습 내용 검토하기

'망각의 경계'회전하는 기억 판이 흔들리기 시작하는 지점는 기억하려는 내용과 관계없이 존재한다. 시험 공부를 하거나 중요한 프레젠테이션을 준비할 때, 배운 내용을 언제 어떻게 검토해야 하는지를 알고 있다면 압박감을 느끼는 상황에서도 망각을 최소화할 수 있다.

'5의 규칙'은 내가 가장 좋아하는 검토 방법이지만 그 외의 다른 방법들도 있다. 과학자들은 학습 과정에서 발생하는 몇 가지 '뇌의 효과'를 확인했는데, 이는 검토가 효과적인 학습과 기억에 왜 중요한지 이해하는 데 도움이 된다.

초두 효과와 최신 효과

어떠한 전략도 사용하지 않고 20가지 항목을 외우려고 했을 때, 처음 5~10가지가 상당히 쉽게 기억에 고정되는 경우가 있다. 이것은 '초두 효과'라고 알려져 있으며, 학습 중 집중 패턴에 의해 작동한다. 우리는 목록또는 배우고 있는 정보을 볼 때 시작 부분에 더 세심하게 주의를 기울인다. 그러나 뇌가 저장을 위해 해당 정보를 흡수하기 시작하면, 다음 정보의 물결에 집중하지 못하고 학습이 지체된다. 일단 정보가 끝날 거라는 사실을 인지하면 집중력 수준이 다시 회복

되는 경향이 있는데, 이는 뇌가 집중 단계의 종료를 예상함으로써 깨어나기 때문이다. 이것을 '최신 효과'라고 한다.

최신 효과는 온갖 방식으로 우리의 기억과 회상에 영향을 준다. 그것은 당신에게 일어난 일에 대한 기억에 중대한 영향을 미칠 수 있다. 가령 당신이 생산적이지만 평범한 하루를 보내고 집으로 돌아가기 위해 운전을 하는 중이라고 하자. 당신은 신호등을 10번 마주친다. 앞쪽의 일곱 개는 녹색이어서 그대로 통과해 지나가지만, 마지막 세 개는 빨간색이라 차를 멈춰야 한다.

집에 도착하니 배우자가 집까지 오는 동안 별일 없었는지, 또 오늘 하루는 어땠는지 물어본다. 이때 당신의 최근 기억이 촉발된다. 당신은 유난히 거슬렸던 마지막 빨간 신호등을 떠올리며 답한다. 퇴근 시간이 많이 소요되었고, 전반적으로 나쁜 하루였다고. 물론 이것은 현실에서 실제로 일어난 일을 제대로 반영하지 못하고 있다. 당신이 말한 내용은 가장 최근의 경험이 머릿속에 떠오른 생각일 뿐이다.

다음 그래프는 시간의 경과에 따른 주의력을 보여주는 그래프이다. 초두 효과와 최신 효과의 결과, 중간에 집중력이 저하되면서 기억 수준이 약 25퍼센트로 떨어지는 커다란 이완 구간이 생긴다. 그러나 강사나 연사에게는 이러한 이완 구간을 최소화하고, 중요한 정보를 성공적으로 주입하기 위해 사용하는 다양한 기술이 있다.

첫째는 반복이다. 라디오나 텔레비전 광고들을 떠올려보라. 제

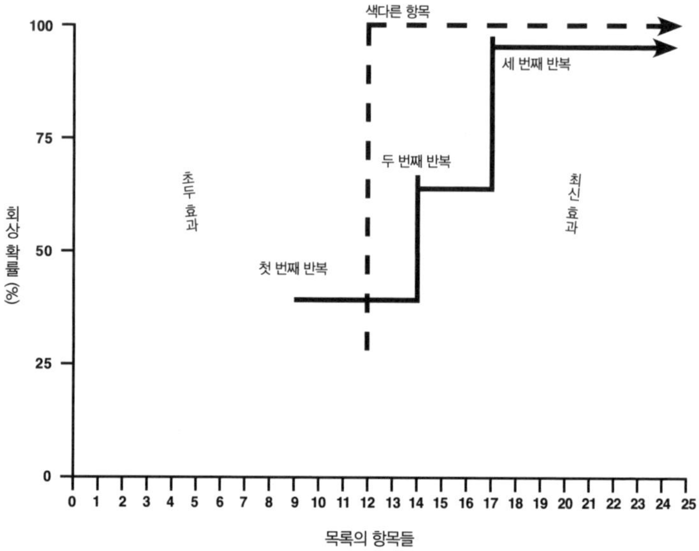

이 그래프는 우리가 정보를 받아들일 때 우리의 집중력 수준에 어떤 변화가 있는지 보여준다. 우리는 목록의 중간에 있는 항목들보다 시작 부분(초두 효과)과 마지막 부분(최신 효과)의 항목들을 더 쉽게 기억하며, 중간 부분에서 뇌는 이미 입력한 정보들을 받아들이느라 분주하기 때문에 집중력을 잃는다. 반복되는 정보는 반복할 때마다 더욱 기억에 남게 되고, 색다른 정보는 뇌를 '깨우며' 해당 정보를 더욱 눈에 띄고 더 기억할 만한 것으로 만든다.

품 이름을 얼마나 자주 듣는가? 보통은 30초짜리 광고에서조차 여러 번 반복되는데, 이는 우리의 뇌가 이름을 두 번 이상 들으면 더 기분 좋게 흡수하기 때문이다. 연사나 강사가 자주 사용하는 또 다른 기술은 유머나 색다른 요소를 대화에 추가하는 것이다. 속도나 내용에 있어서 특이한 변화는 약간의 기억 충격을 제공하며, 이는 당신이 계속해서 깨어 있도록 뇌세포를 깨운다. 폰 레스토프 효과는 이러한 기억 충격 중 하나로, 연설이나 강연을 통한 학습 효과를 최대화시켜주는 또 다른 훌륭한 도구다.

이런 기술들은 매우 유용하지만 혼자서 인쇄물을 보며 무언가를 배울 때는 도움이 되지 않는다. 이런 경우에는 규칙적인 휴식을 취하는 것이 필수다. 두 시간 동안 집중한 뒤에 휴식하는 것보다 20분씩 여섯 번에 걸쳐 학습하는 편이 훨씬 효과적이다. 짧은 집중이 정보 보유그리고 그에 따른 회상 능력에 대한 초두 효과와 최신 효과의 부정적인 영향을 피하는 것은 당연한 일이다.

경험에 비추어볼 때, 20분간 학습하고 4분 또는 5분간 휴식하는 시스템이 제대로 작동되어야만 초두 효과 및 최신 효과의 영향을 최소화할 수 있다. 짧은 휴식 시간 동안 당신이 완전히 상관없는 무언가에 빠져 있을지라도, 당신의 기억은 일련의 회상을 통해 배운 것을 통합하고 있을 것이다.

복습 검토

당신이 배우려는 것이 무엇이고 그 목적이 무엇이든, 관련 정보를 읽고 노트에 정리하여 암기한 다음에는 그것을 효과적으로 기억할 수 있게 검토해야 한다. 1885년 독일의 심리학자 헤르만 에빙하우스는 처음으로 '망각 곡선'에 대해 설명했다. 이 곡선은 새로운 것을 배운 후 기억이 정보를 잃어가는 속도를 나타낸 것인데, 처음 두 시간 내에 가장 빠른 기억 상실이 발생한다. 사실상 이것은 장시간의 기억 과정에서 정기적으로 기억을 검토하고 새롭게 하지 않는 한, 처음 나온 정보들을 나중에 다시 학습해야 한다는 것을 의미한다. 암기를 할 때 정기적으로 복습한다면, 정보는 더 나은 장기 기억을 위해 기억 속에 깊숙이 박히게 된다.

정보를 효과적으로 검토하는 방법

책을 읽거나 메모를 하던 중 뭔가 놓친 것 같은 때에는 책장을 넘겨 확인하면 된다. 그렇다면 회의나 강의에서 들은 정보를 검토해야 할 때는 어떻게 해야 할까? 아마 당신은 학교나 직장에서 교육에 참여하거나 시험을 볼 것이다. 에빙하우스는 우리가 강의를 듣는 동안 메모를 하고 강의가 종료된 직후 그것을 검토한다면, 받아들인 정보의 80퍼센트 이상을 유지할 수 있다는 사실을 발견했다.

강의가 끝나고 나면 노트의 첫 번째 검토를 곧바로 진행한다.

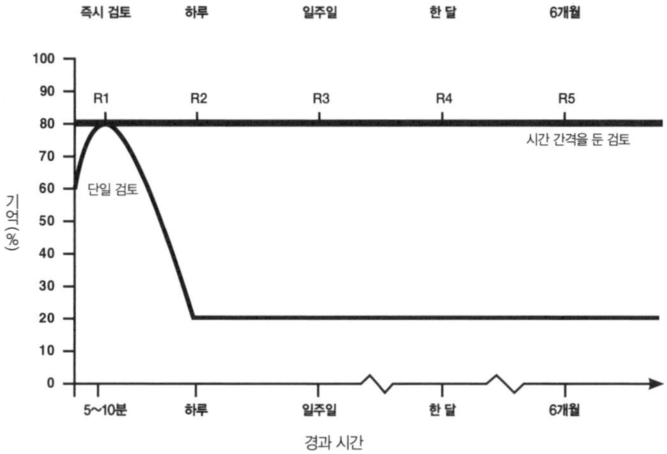

위의 그래프는 시간 간격을 둔 검토 전략을 사용할 때 어떤 일이 발생하는지 단일 검토와 비교해서 보여준다. 학습 직후 단일 검토를 수행한 경우, 전달된 정보의 기억 수준이 60퍼센트에서 80퍼센트로 급상승한다. 그러나 더 이상의 검토를 진행하지 않으면 24시간 안에 기억 수준이 20퍼센트로 급격히 감소해 그대로 머물러 있게 된다. 우리가 처음 학습한 정보들은 예컨대 시험을 위해 효과적으로 기억할 수 있으려면 다시 배워야만 한다. 그러나 시간 간격을 둔 검토 전략을 채택해 정보를 곧바로 상기시킨다면 일주일, 한 달, 6개월 후에도 암기를 80퍼센트로 유지할 수 있다. 이것을 에빙하우스는 '분산 학습 효과'라고 불렀다.

에빙하우스는 최적의 기억을 위해 수업 직후 첫 번째 검토를 하고, 하루 뒤에 두 번째 검토를 하며, 일주일 후에 세 번째 검토, 한 달 후에 네 번째, 다섯 번째 최종 검토는 3~6개월 후에 수행해야 한다고 결론지었다내용이 복잡할 경우에는 더욱 그렇다. 그는 이것을 '분산 학습 효과'라고 불렀으며, "많은 반복 횟수가 시간적인 여유를 두고 적절하게 분포된 경우는 한 번에 모아서 집중하는 것보다 훨씬 유리하다"라고 주장했다.

♥♣♠♦

벼락치기는 그만

나는 몇 주 동안 벼락치기만으로 학교 시험을 본 적이 있다. 몇 달 전에 배운 내용을 다시 공부해보려고 했지만 대부분 완전히 잊어버린 상태였고, 마지막 순간에는 '주입식 학습'으로 나머지 내용들을 외웠다. 요즘 만나는 많은 학생들과 똑같았다. 내가 특히 스트레스를 받았을 때는 스페인어 단어를 외우느라 반복하던 시간들이다. 나는 그렇게 공부한 내용들이 구두시험과 단어시험을 치를 수 있게 오랫동안 제대로 기억되기만을 바랄 뿐이었다.

지금 나는비록 지금은 내 성적에 변화를 가져오기에는 늦은 나이지만 복습이 지속적으로 수행되어야 한다는 사실을 잘 알고 있다. 학생들이 학업에 뛰어난 실력을 발휘하기 위해서는, 마지막 순간의 벼락치기는 그만두고 검토 패턴으로 학습을 마무리하는 과정을 거쳐야 한다. 이것이 내가 검토 전략에 대해 이야기하는 것이 너무나 중요하다고 생각하는 이유다. 당신이 이 책에서 얻기 원하는 놀라운 기억력을 위해, 스스로 검토 전략을 적용할 수 있도록 말이다.

AMAZING MEMORY 04

일상 속 기억력 훈련법 : 메모 습관 버리기

카드 한 벌을 외우거나 각각의 행동을 가진 100개의 인물로 된 도미니크 시스템을 배우기 위해서는 따로 연습 시간을 내야 한다. 그러나 일단 시스템을 갖추면, 일상의 상황들이 기억력 훈련을 위한 완벽한 연습 시간뿐만 아니라 실질적인 용도를 제공한다. 기다릴 것 없이 바로 지금, 이제껏 배운 모든 내용을 활용해 일상생활에서 기억력과 효율성을 높이는 연습을 시작하자.

예를 들어 앞으로 장을 볼 때는 구입 목록을 적지 말고 암기해보라. 이런 경우 여행법이 아주 효과적이다. 우선 쇼핑 목록과 혼동되지 않을 여행을 선택한다. 목록에 있는 품목 중 상당수가 집과 관련 있을 가능성이 높으므로, 집 주변과 관련된 여행은 목록과 서로 충돌을 일으켜 잘 작용하지 않을 수 있다. 나는 좋아하는 산책로나 골프 코스를 떠올린다.

이어서 목록에 있는 품목들을 코딩해 여행에 배치한다. 첫 번째 정지 지점이 오솔길 입구에 있는 '계단'이고 목록의 첫 번째 품목이 '토마토'라면, 아마도 계단은 토마토 덩굴로 덮여 있을 것이고 과즙이 많은 잘 익은 붉은 과일이 아래로 떨어질 것이다. 당신이 계단을 오르기 위해 떨어진 과일을 치우려고 몸을 숙일 때 과일 냄새가 난다.

다음 정지 지점이 '다리 위'이고 당신은 '아보카도'를 암기해야 한다고 하자. 나라면 아보카도의 미끄러운 연둣빛 과육으로 엉망이 된 다리 위를 상상할 테고, 그 바람에 걸어서 다리를 건너는 일이 어려워질 것이다. 장을 볼 때 당신이 해야 할 일은, 이처럼 그저 마음속으로 걸어서 여행하며 이미지들을 떠올림으로써 사야 할 품목들을 기억에 불러오는 것이다.

당신은 여행을 자주 하는가? 대부분 공항에 막 도착했을 때 가장 화나는 순간은, 버스 정류장은 어디며, 비행기 시간에 늦지 않게 터미널에 도착할 수 있을지 집중해야 하는 마당에 방금 주차한 자리를 적으려고 펜을 찾아야 할 때다. 만일 간단한 '니모닉우리가 정보의 일부를 기억하는 데 도움이 되는 모든 장치'을 사용한다면 당신에게는 펜이 필요 없다! 예를 들어 지난번 비행기를 탔을 때 나는 주차장 C의 8열에

차를 세웠다. 'NATO의 음성 문자'에서 알파벳 C는 찰리알파, 브라보, 찰리, 델타, 에코 등에서를 나타내므로 나는 C를 내 친구 찰리로 코딩하고, 8은 숫자 모양 시스템눈사람을 사용했다. 이에 따라 나는 버스를 타면서 버스 정류장에서 눈사람을 만드는 찰리를 상상했다. 이 장면은 약간의 정신적 충격을 주었는데, 당시 여름휴가를 떠나는 중이어서 눈사람이 어울리지 않았기 때문이다. 하지만 기억하기에는 그 편이 훨씬 좋다.

이어서 무사히 체크인을 마치고, 34번 게이트에서 비행기에 탑승하라는 안내를 들었다. 이것을 암기하기 위해 나는 음반 가게에서 일하는 친구 가이의 이미지를 만들고 게이트로 달려갔다. 이는 3과 4가 알파벳의 세 번째와 네 번째 글자C와 D로 표시되는 도미니크 시스템에서 비롯된 것이다. 가이는 상점에서 CD를 판매하는 데 능숙했고, 수년 동안 내게 그 번호에 대한 인물이 되어주었다.

이런 단순한 시나리오들은 카드 한 벌을 기억하는 작업과 같은 수준은 아니다. 하지만 이 책에서 배운 기술들을 일상생활에 적용한다면 당신은 암기 기술을 익히도록 뇌를 훈련할 수 있을 것이다.

AMAZING MEMORY 05

일상 속 기억력 훈련법 : 마음 다이어리 쓰기

암기 기술을 사용하는 또 다른 좋은 방법은 마음 다이어리를 쓰는 것이다. 나는 내 근무 일정표를 마음속에 기록해두고 있기 때문에 일일이 따로 적어둘 필요가 없다. 그리고 도미니크 시스템을 이용하여 다이어리의 날짜를 암기한다. 이번 달 22일에 프레젠테이션을 하기로 약속했다고 해보자. 도미니크 시스템을 사용하면 22는 BB로 변환되며 내게 그것은 '아기'로 대표된다. 따라서 날짜를 듣자마자 내 머릿속에는 아기의 이미지가 떠오른다. 약속이 오전 11시로 잡힌다면, 나는 아기를 안고 있는 테니스 선수 앤드리 애거시11/AA를 상상한다. 그날 선약이 있다면 이미 아기를 안고 있는 다른 누군가의 이미지가 떠오를 테고, 약속이 지나치게 많은지의 여부도 즉시 알게 될 것이다.

숫자를 인물로 코딩하는 일에 개인차가 있다는 사실을 명심하자. 숫자 22는 나에게 아기를 의미하지만 내가 가르친 학생들은 보리스 베커테니스 선수, 벅스 버니만화 캐릭터, 빌보 배긴스소설 캐릭터, 바바라 부시미국 전 대통령의 딸를 비롯해 같은 머리글자로 시작하는 이름을 가진 가족이나 친구로 코딩했다. 시스템이 제대로 작동하려면 당신이 사용하는 방식이 개인적인 것이어야 한다.

해당 날짜가 이번 달에 있을 때는 이 예제가 매우 유용하겠지만, 기억에 달을 추가해야 한다면 어떨까? 내게 있어 각 달은 언덕의 경사도로 표현된다. 1월은 내 왼쪽에서 완만한 기울기로 시작되며, 2월 중순이 가까워질수록 경사가 지기 시작하고 봄을 지나는 동안 오르막이 이어진다. 그리고 여름에는 7월에 조금 평평해졌다가 9월부터 수개월 동안 경사가 가팔라져서 12월까지 이어진다.

나는 언덕 위에 놓인 시간을 '본다'. 언덕은 내 마음의 눈에 너무나 잘 그려지기 때문에 매달을 정확하게 구분할 수 있다. 이것은 내게 효과적인 방법이다. 하지만 나는 학생들 및 고객들과 나눈 대화를 통해 시간에 대한 사람들의 시각적 표현이 많이 다르다는 사실을 알았다. 어떤 사람은 시간을 계단으로 보고, 어떤 이는 회전목마로 생각한다. 물론 마음속에 시간에 대한 시각적인 표현이 전혀 없는 사람도 있다이런 경우에는 12월의 산타클로스 같은 계절적, 혹은 다른 성격의 유발 장치 내지

나는 한 주간의 요일들도 '본다'. 이는 마치 놀이터 미끄럼틀에 앉아 있는 것과 같다. 일요일은 미끄럼틀 꼭대기로, 나는 거기 앉아서 평일을 지나 금요일까지 미끄러진다. 토요일은 일요일로 돌아가기 위해 올라가는 사다리다. 다시 말하지만 미끄럼틀의 마음속 그림은 매우 선명해서 나는 일주일의 매일을 정확하게 구분할 수 있다. 예를 들어 나는 절반을 내려온 수요일을 '볼 수 있다'. 그러나 이는 전적으로 개인적인 것이며, 달과 마찬가지로 당신에게 도움이 될 수도 있고 되지 않을 수도 있다.

당신은 요일을 유발하는 표현을 위해 자신의 마음을 탐색해야 한다. 그것은 미끄럼틀, 언덕, 또는 로터리일 수도 있다. 만일 시각 시스템이 전혀 작동하지 않으면 다음을 시도해보자.

단어 소리 연상

3월 28일에 열리는 생일 파티에 초대되었다고 하자. 도미니크 시스템을 사용해 28일을 BH로 변환한다. 당신은 전설적인 가수 버디 홀리가 손에 기타를 들고 자신의 히트송 중 한 곡을 부르며 파티 장소로 행진하는 장면을 그릴 수 있다.

그림 키 연상

달을 그림 키로 코딩하는 것 또한 효과적인 방법이다. 당신의 딸이 12월 21일 학교 성탄 연극에 출연한다는 사실을 상기하려면 산타클로스 옷을 입고 학교에 나타난 배우 벤 애플렉21/BA을 상상할 수 있다. 이 경우 12월을 나타내는 것은 언덕 비탈이 아니라 산타의 그림 키다. 데이트가 목요일이라는 것을 기억해야 한다면 번개에 맞은 산타의 이미지를 추가할 수 있다내게 목요일은 노르웨이의 천둥과 번개의 신이자 목요일이라는 단어의 어원이기도 한 토르의 이미지다.

덧붙여 말하자면, 어떤 일의 시작 시간을 외울 때 나는 도미니크 시스템과 결합된 24시 표시 시계를 사용한다. 예컨대 경기가 오후 3시 30분에 시작한다면 이것을 1530으로 변환하고, 이는 도미니크 시스템에 따라 AE15+CO30로 짝을 이룬다. 그러면 나는 알베르트 아인슈타인이 내 딸이 다니는 학교의 계단에서 토크쇼를 진행코넌 오브라이언의 행동하는 복잡한 이미지를 사용한다. 다음은 달과 요일에 대한 나의 그림 키 연상의 전체 목록이다.

<월>

January(1월)	잰, 제니(이름)
February(2월)	Fab Four(비틀스) ('환상의 4인조'라는 뜻으로 비틀스의 홍보 담당 토니 배로가 사용한 말-옮긴이)
March(3월)	행진하는 군인들

April(4월)	비, 우산(4월의 소나기)
May(5월)	메이폴(5월제의 기둥)
June(6월)	준(이름), 모래언덕
July(7월)	줄리 월터스(배우)
August(8월)	사자('사자자리'에서)
September(9월)	낙엽
October(10월)	문어
November(11월)	책(소설)
December(12월)	산타클로스

<요일>

Sunday(일요일)	태양, 일요 신문
Monday(월요일)	돈
Tuesday(화요일)	쌍둥이('twos'에서)
Wednesday(수요일)	신부('웨딩'에서)
Thursday(목요일)	천둥, 토르
Friday(금요일)	달걀 프라이
Saturday(토요일)	토성의 고리

이제 당신은 약속을 기억할 수 있는 도구를 가졌다. 이를 활용해 다음을 훈련해보자.

마음 다이어리 쓰기

상상력을 사용하여 다음의 내용을 암기해보라. 처음에는 날짜와 용건에 대한 기억을 시험해보자. 날짜 열만 보고도 각각의 용건을 기억해낼 수 있는지 자신을 시험해보는 것이다. 확신이 들 때 훈련을 다시 시도하고 날짜와 시간을 추가한다. 암기를 끝내고 나면 날짜만 보이게 모두 가리고 용건, 요일, 시간에 대한 기억을 테스트해본다.
정확한 용건, 요일, 시간에 1점씩 채점한다날짜당 최대 3점.
7~10점이면 우수, 11~15점이면 훌륭한 점수다나는 용건들을 시간순으로 정리하지 않았다. 약속은 거의 예정 시간대로 이뤄지지 않기 때문이다.

날짜	용건	요일	시간
10월 16일	달리 전시회	수요일	오후 7시
5월 31일	은행 관리자	금요일	오후 3시
8월 8일	극장	토요일	오후 7시 30분
4월 22일	치과	수요일	오후 4시 15분
3월 13일	안경점	월요일	오전 9시 20분

추가적인 테스트로 위의 목록을 가리고 다음 질문에 답해보자.

- 5월 31일에 누구와 몇 시에 만나기로 했는가?
- 달리 전시회에 방문할 날짜, 요일 및 시간은 언제인가?
- 8월 8일 일정은 무엇인가?
- 치과 예약 날짜, 요일 및 시간은 언제인가?
- 시력 검사를 받을 날짜, 요일 및 시간은 언제인가?

♥♣♠♦

대화 따라가기

어린 시절 난독증이 있다고 들었지만, 나의 상태에 대한 보다 정확한 진단은 아마도 주의력결핍장애였을 것이다. 나는 내가 배운 어떤 것에 대해서도 주의를 집중할 수 없었다. 종종 선생님의 입술이 움직이는 것을 보고 그들이 말하고 있다는 사실을 알았지만, 내 마음은 교실을 벗어나 멀리 상상의 세계로 떠나 있었다. 학교에서 나와 같은 모습은 아니어도, 회의, 강의, 심지어 지루한 연극이나 쇼, 콘서트 중에 딴 데 정신을 판 적이 없다고 말할 수 있는 사람은 거의 없다고 생각한다.

나는 내 친구들이나 가족들과 나누는 대화에 집중할 수 없다고 밝히는 것이 약간 부끄럽다. 십대 시절의 몇 년 동안, 나는 '꿈꾸는 늙은이'라는 놀림을 받았다. 설명하기는 힘들지만 내가 자발적으로 그러지는 않았다. 나는 대화에서 소외되고 있다는 사실을 의식하지 못했다. 아마 내가 주변 사람들과 잘 어울리려고 노력했다 하더라도 내 마음은 방황했을 것이다. 당신이 무슨 일을 하든, 대화를 따라가는 것은 훌륭한 기술이다(예컨대 정치인과 변호사는 업무를 잘 수행하기 위해, 그 외의 사람들은 예의 바르게 행동하기 위해 대화 기술이 필요하다). 그리고 그것은 일상생활에서 기억력을 훈련할 수 있는 좋은 방법이기도 하다.

수년간의 과학적인 연구에 따르면, 일반 사람들의 뇌와 비교해볼 때 주의력결핍장애를 가진 사람들은 뇌의 전두엽에서 전기적 활동이 감소하고 피질 혈류가 느린 것으로 나타났다. 주의력결핍장애 환자가 집중하기 힘든 것이 이 때문이라고 여겨지는 이유이다.

오늘날 의사들은 주의력결핍장애 진단을 받은 어린이의 상태를 제어하기 위해 자극제를 처방한다. 목적은 어디까지나 뇌의 활동 속도를 높임으로써 주의력과 집중력이 향상되게 하려는 것으로, 아이들의 별난 행동을 유발하려는 것은 아니다.

근본적인 치료법은 아니지만 약물 처방은 증상을 완화시킨다. 하지만 내가 어릴 때는 그런 약이 없었고, 나는 순전히 기억력 훈련만으로 상태를 극복했다고 믿고 있다. 요즘 나는 아무리 지루하다 해도 대화나 모임에서 나온 이야기의 내용을 듣고 기억할 수 있다. 일반적으로 우리 모두가 그러듯 나도 가끔 멍해질 때가 있다. 그러나 다른 사람들과 다른 점은 나에게는 선택권이 있다는 것이다. 다시 말해 나는 어쩔 수 없이 그러는 것이 아니라 내가 원하기 때문에 멍하게 있는 것이다.

여기서 중요한 점은 두 가지다. 첫째, 나는 기억력을 훈련하는 것이 나의 집중력을 향상시켰다고 믿는다. 그뿐 아니라 나는 주어진 정보의 세부적인 내용에 집중할 수 있도록 암기 기술을 특별하게 사용할 수 있다. 어떻게 그럴 수 있을까?

나는 상대방의 말을 경청하는 동안 대화의 단편들을 요약하여 핵심 이미지로 변환하려고 노력한다. 그런 다음 이미지를 올바른 순서로 마음에 고정한다. 당신은 여행법을 선호할지 몰라도나는 회의나 비교적 긴 대화에 여행을 사용한다, 짧은 대화에는 숫자 모양 시스템이 가장 잘 작동한다잠시 후 보게 될 것이다. 대화에 숫자 또는 사실과 숫자가 들어 있는 경우, 해당 정보를 암기하기 위해 당신은 이 책에 나온 니모닉 시스템들 중 하나도미니크 시스템을 포함해를 사용할 수 있다.

숫자 모양 시스템은 다음과 같이 사용된다. 내 비서가 고객과의 회의와 관련해서 내게 전화를 걸었다고 해보자. 펜이나 종이 없이 그녀가 알려주는 정보를 기억하기 위해, 나는 각각의 세부적인 내용에 마음속으로 번호를 매긴다. 각 숫자는 세부 정보의 위치를 알려주면서 정보 자체의 연상과도 상호작용할 수 있는 숫자 모양이 된다. 본질적으로 나는 숫자 모양들을 올바른 순서로 정보들을 걸 수 있는 고리로 사용한다. 다음은 이와 관련된 예시다.

①.

"안녕하세요, 도미니크. 오늘밤 당신이 묵을 호텔이 정해졌습니다. 베리 스트리트에 있는 빅토리아 호텔입니다."

나는 빅토리아 여왕빅토리아 호텔이 열린 무덤 옆에 촛불을 들고 서 있는 상상을 한다. 1에 대한 나의 숫자 모양은 양초이며, 열린 무덤은 거리 이름을 기억하는 것을 돕는다.

②.

“호텔에 도착하시면 당신의 고객인 테일러 씨에 대해 프런트에 물어보세요. 그는 당신과 계약에 대해 논의하며 점심 식사를 함께하기를 원합니다.”

백조(2의 숫자 모양)가 목에 줄자를 두르고 있는 모습을 상상한다. 나는 항상 테일러라는 이름을 재단사가 사용하는 줄자와 연관시킨다.

③.

“참고로 테일러 씨는 클레이사격 명사수이며, 가장 좋아하는 식당은 ‘코코넛 그로브’로 그곳이 오늘 그가 당신을 데려갈 곳입니다.”

내가 하늘에 떠 있는 코코넛을 쏘아 맞히는 상상을 하는 동안, 나의 고객은 수갑(3의 번호 모양)을 찬 모습을 띠고 있다.

④.

“테일러 씨와 비용을 합의하시는 대로 3512번으로 문자 메시지를 보내주시면 감사하겠습니다.”

나는 요트(4의 숫자 모양)에 클린트 이스트우드(35/CE)와 함께 타고 있는 상상을 한다. 클린트 이스트우드는 검을 휘두르고 있는데, 이는 《마스크 오브 조로》의 주연 배우 안토니오 반데라스(12/AB)의 행동이다.

나는 이런 이미지들을 마음속에서 즉각적으로 만들 수 있다. 하지만 이것은 오로지 연습을 통해서만 가능하다. 당신도 대화의 요점을 암기해보기 바란다. 그렇게 한다면 상대방이 말하는 모든 내용을 기억함으로써 대화 상대에게 확실히 깊은 인상을 남겨줄 수 있을 뿐 아니라, 귀중한 암기 연습도 할 수 있을 것이다.

AMAZING MEMORY 06

재미를 위한 기억력 트릭

우리는 지금까지 기억력 훈련의 중대한 측면, 즉 당신의 자신감과 자존감을 높이고 창조력을 향상시키는 것과, 일상생활을 더 쉽고 편리하게 만들기 위해 이 기술을 적용하는 방법에 대해 다뤘다. 놀라운 기억력을 갖는 것은 많은 재미를 가져다주기도 한다. 친구들을 위한 파티용 트릭은 기억력을 과시할 수 있는 좋은 방법일 뿐 아니라 연습도 할 수 있는 완벽한 기회다. 나는 종종 기억력 묘기로 사람들을 깜짝 놀라게 해달라는 요청을 받고 행사나 파티에 간다. 다음은 내가 좋아하는 기억력 트릭들이다. 재미있게 즐겨보시라.

"아무 카드나 한 장 골라 봐"

어느 모임에 가든 내가 가장 먼저 시작하는 트릭은 카드 트릭이다. 도착하기 전에 여행법을 사용해 카드 한 벌을 외워둬야 하며, 누군가에게 섞어달라고 부탁하고 싶은 충동 따위에 넘어가서는 안 된다당신 몰래 카드를 뒤섞어서 혼란을 주고 싶어 하는 방해꾼들을 멀리 쫓아버리기 위해 소매를 걷어붙여라. 주머니에서 카드를 꺼내 펼치고 앞면이 아래로 향하게 한다. 그 중 임의로 한 장을 가져가도록 누군가에게 요청하고, 카드를 가져갈 때 그 위에 놓인 카드를 살짝 본다. 그 카드가 클럽 퀸으로 확인되었다고 하자. 미리 탑재한 여행을 검색해 클럽 퀸에 대한 인물을 찾은 다음 한 단계 나아가 사라진 카드를 찾는다. 그리고 당신의 답을 발표하면 된다.

당신에게 소질이 있다면 변형해서 시도해볼 수도 있다. 누군가에게 카드 한 벌을 나누게 한다나누되 섞게 해서는 안 된다!. 카드 덱 하단의 새로운 카드를 엿볼 수 있는 한, 당신은 새로운 최상위 카드가 무엇인지 맞힘으로써 관중을 놀라게 하고 그들로부터 감탄하는 소리를 들을 수 있다. 이론상 당신은 여기서부터 한 장씩 카드 암송을 진행할 수 있다. 카드 한 벌의 원래 첫 번째 카드가 아닌 새로운 최상위 카드의 위치에서 여행을 시작하기만 하면 된다트릭을 시작할 때 사람들에게 확신을 심어주고 싶다면, 계속 카드를 나눠달라고 요청한다. 맨 밑에 있는 카드가 무엇인지 알고 있고 카드를 나눌 때 순서를 변경하지 않는 한 당신은 올바르게 암송할 수 있다.

또 하나의 카드 트릭은 덱에서 빠진 카드를 식별하는 것이다.

앞에서처럼 미리 카드 덱을 암기한 다음, 뒤돌아서서 누군가에게 다른 카드들은 건드리지 말고 한 장만 꺼내 가져가라고 부탁한다. 그 사람은 당신이 보지 않는 사이 카드를 주머니에 넣는다. 이제 뒤돌아서 그에게 나머지 카드들을 천천히 뒤집어 당신 앞에 쌓아 달라고 요청한다. 그러는 동안 당신은 마음속으로 여행을 시작한다. 사라진 카드가 나오는 순간 당신은 그것을 알게 될 것이다. 그 카드가 나타나리라 예상한 단계를 건너뛴 채 진행될 것이기 때문이다. 긴장감을 높이기 위해, 모든 카드가 쌓일 때까지 정답을 밝히진 마시길!

"아무 페이지나 펼쳐 봐"

사람들은 내가 카드나 이름과 얼굴을 암기할 거라고 기대하지만, 사실 내가 가장 좋아하는 파티 트릭은 조금 특이하다. 오늘밤, 모임에 초대된 당신이 진심으로 사람들을 당황하게 만들려면 어떤 방법이 필요할까? 만약 그곳에서 책 한 권을 통째로 암기해 보인다면 그날의 주인공은 바로 당신이 될 수도 있지 않을까? 이제부터 그 트릭의 비밀을 알려주도록 하겠다.

우선 나는 모임 주최자에게 약 100쪽 분량의 책을 준비해달라고 부탁한다. 나는 그 책을 한 장씩 넘겨보고는, 5~6분 후 책을 손님에게 돌려준다. 그런 다음 나는 책을 모두 읽었으며 내용도 기억하고 있다고 말한다. 이어서 손님에게 내 기억력이 어떤지 열렬히 확인하고 싶어 하는 사람과 함께 책을 갖고 한 시간 후에 다시 나를 찾아와 달라고 요청한다. 시간이 지나 그가 돌아오면 나는 책에서 아무 페이지나 펼쳐 처음 몇 줄을 읽어달라고 한다. 그러고는 그 내용이 몇 쪽에 나오는지 알려준다.

원리가 무엇일까? 책을 받으면 나는 첫 장부터 페이지를 넘기면서 각 페이지의 첫 줄에 있는 한 단어를 골라 암기한다. 그 단어는 첫 줄에서 가장 강하고 개별적인 이미지를 쉽게 형성할 수 있으리라 여겨지는 것이다. 그렇게 얻은 이미지는 여행법책의 쪽수만큼의 단계를 가진 여행이 필요하다에 의해 순서대로 단계마다 고정된다. 트릭이 제대로 작동하고 이미지별 숫자 위치를 쪽수를 기억하는 데 이용할 수 있으려면, 책의 1쪽은 여행의 1단계, 2쪽은 2단계와 같은 식으로 모든 쪽수가 여행 단계와 일치해야 한다. 손님이 책을 안전하게 보관하는 동안, 나는 트릭을 확실히 수행하기 위해 핵심 단어와 그에 해당하는 이미지를 빠르게 검토한다.

물론 트릭을 잘 수행하려면 여행을 정방향과 역방향으로 알아야 하고, 다른 단계들과 관련된 주요 단계들의 숫자 위치도 알아야 한다. 만약 50단계 여행 두 개를 이어서 사용한다면, 100단계를 제공하기 위해 두 번째 여행은 51~100단계로 해석하는 연습을 해야 한다.

당신에게 주요 지점을 알려줄 표지들이 있는 한, 모든 단계의 정확한 숫자 위치를 알 필요는 없다. 예를 들어 이 트릭에 내가 일반적으로 사용하는 경로를 따라, 나는 1, 5, 11, 13, 15, 21, 26단계가 무엇인지 즉시 파악할 수 있다. 1단계, 5단계, 15단계는 논리적 표지다. 이때 내게는 11도 눈에 띄는데 이는 두 개의 1이 난간처럼 보이기 때문이고, 13은 불행의 숫자이며, 21은 '문의 열쇠'이기 때문에 마음속에도 이러한 고정이 실행된다. 마지막으로 26은 카드 한 벌의 중간 지점을 나타낸다. 이러한 표지들을 기반으로 나는 필요한 쪽수까지 자유롭게 이동할 수 있다.

예를 들어 내가 어릴 때 살던 마을 주변으로 구성된, 내가 좋아하는 책 여행을 사용한다고 해보자. 그 여행은 우리 가족의 오래된 집에서 시작해 히스랜드를 건너 마을 여관으로 간 다음 크리켓 경기장으로 이어져서 마을 회관 안으로 들어가는데, 모두 100단계로 구성되어 있다.

누군가가 아무 페이지의 첫 줄을 읽고, 그 줄에서 내가 고른 단어가 '바이올린'이었다면, 즉시 내 머릿속에 바이올린의 이미지가 해당 단계에서 나타난다. 예컨대 내가 크리켓 경기장에 도착하기 바로 전 단계인 오크나무에 바이올린을 기대어 놓았다고 하자. 나는 크리켓 경기장이 여행에서 21번째 단계이며 오크나무가 크리켓 경기장보다 두 단계 전이라는 사실을 알고 있다. 크리켓 경기장에서 두 단계 뒤로 가면 나는 19번째 단계에 있고, 따라서 19쪽에 '바이올린'이라는 단어가 나타난다. 여행의 시작에서부터 19개의 단계를 통과해 앞으로 나아가기보다 가장 가까운 표지에서 두 단계 뒤로 물러난 것이다. 이때 답을 더 빨리 알아낼수록 더욱 인상적인 트릭이 된다.

이 과정에 능숙해지면 여행의 각 단계에 이미지를 두 개씩 배치할 수 있기 때문에, 더 두꺼운 책을 외울 수 있다. 다만 이때는 항상 이미지의 각 쌍이 올바른 순서로 상호작용하는지 확인해야 한다. 즉 연속되는 두 페이지의 키워드가 '수프'와 '개구리'라면 나는 수프가 개구리 위로 부어지는 것을 상상하고, 순서가 '개구리'와 '수프'일 때는 개구리가 수프로 뛰어드는 상상을 한다.

경로를 따라 배치한 이미지에서 언제나 페이지 쌍의 첫 단어가 주체이고 두 번째 단어는 객체다. 복잡하게 들릴지 모르지만, 나의 경우 이를 마스터하기까지는 그리 오랜 시간이 걸리지 않았다. 단지 경로를 잘 짜고 여행의 각 단계에 두 개의 이미지두 페이지를 배치하는 약간의 수학적인 연습을 했을 뿐이다.

누군가 내게 쪽수를 말하면 그 내용을 요약할 수 있게 트릭을 전환할 수도 있다그리고 이 편이 더 인상적으로 보일 수 있다. 내용을 이해하려면 각 페이지의 텍스트를 더 읽어야 하기 때문에 시간이 조금 더 걸린다. 해당 페이지에 대한 개요를 얻은 후에는 일반적인 장면으로 코딩해 여행에 배치한다. 그러면 쪽수만 듣고 그 페이지의 내용을 요약해서 말할 수 있다.

이 과정을 매끄럽게 진행하려면 어느 정도 연습이 필요하지만 기뻐하는 관중의 반응을 생각하면 충분히 해볼 만한 가치가 있다고 장담한다. 처음에는 30페이지 정도의 책으로 시작하고, 자신감과 기술을 얻어가면서 두꺼운 소설까지 확장해보자.

AMAZING MEMORY 07

깜박깜박하는 게 정말 나이 때문일까?

1991년 처음으로 세계 기억력 챔피언십에 참가했을 때 내 나이는 34세였다. 나는 현재 기억력이 20년 전보다 훨씬 좋아졌다고 생각한다. 나는 이제 54세이며, 기억력이 약해지기 시작했다고 불평하는 많은 동료들을 알고 있다. 확실히 나는 그들과 같지는 않다. 나는 누군가를 가르치고 공연을 하고 대회에 나가 경쟁하면서 암기 기술을 끊임없이 사용하는 일이, 나의 기억력과 집중력을 환상적인 상태로 유지해준다고 믿는다. 심지어 내 기억력이 여전히 향상되고 있다고 말할 수 있을 정도로 더 노력해볼 생각이다.

따라서 나이를 먹을 수록 인지 능력이 떨어진다는 말은 허튼소리에 불과하다고 분명하게 말할 수 있다. 내 생각에 희미해져 가는 기억은 동기부여 부족아마도 인생의 지루함이나 우울로 인한, 불안 및 전반적인 건강 악화와 관련이 있다. 뇌의 실질적인 건강과는 상관이 없다.

역학자 데이비드 스노든은 1986년부터 정신 건강에 대한 노화의 영향을 측정하기 위해 미네소타에서 수녀 678명의 삶을 추적했다. 지원자들은 75~104세 사이였고, 동일한 생활 여건을 공유하기 때문에 이상적인 연구 집단이었다. 그리 놀랄 일은 아니지만, 스노든은 건강한 식이요법이 건강한 노화 그리고 장수와 직결된다는 사실을 발견했다. 또한 삶에 긍정적인 태도를 가진 수녀들에게는 나이와 관련된 정신적 어려움의 위험이 감소했다.

가장 놀라운 발견은 탐구심과 알츠하이머 질환의 발병률 사이에 놀라운 상관관계가 있다는 사실이었다. 어린 시절부터 읽기와 쓰기가 가능했고 말과 글로써 자신의 의사를 잘 표현할 수 있었던 수녀가 더 장수하고 치매에 걸릴 확률도 낮았다. 또한 정기적인 정신적, 육체적 운동도 책을 읽고 지역사회에 참여하는 명민함만큼이나 중요한 역할을 했다.

몸의 다른 부분이 그렇듯, 건강하게 생활하려면 뇌 또한 건강해야 하고 건강한 생활 방식의 일반 원칙들을 따라야 한다. 운동, 좋은 영양, 지적인 자극, 휴식 시간, 이 모두는 정신적으로 기민한 상태를 유지하는 데 중요한 역할을 한다.

♥♣♠♦

뇌가 원하는 것은, 산소

뇌는 산소 없이 작동할 수 없으므로 뇌 건강을 위해서는 혈액순환이 잘 되어야만 한다. 운동은 몸의 순환을 촉진하고 뇌에 산소를 공급하기 위한 가장 좋은 방법이다. 수많은 연구가 운동이 뇌 기능을 향상시킨다는 증거를 제공하고 있고, 나 또한 개인적인 경험을 통해 그 사실을 알고 있다. 세계 기억력 챔피언십에 참가할 때마다 스스로 신체적으로 건강하다고 느낄 경우 훨씬 높은 수준의 집중력을 발휘할 수 있으며, 사흘간이나 지속되는 정신적인 도전들을 헤쳐나가려면 훨씬 많은 에너지가 필요하다는 사실을 몸소 체험한다.

이 책에 실린 기술들을 연마하면 당신은 기억력의 효율성을 크게 높일 수 있다. 정신적인 훈련에 신체적인 운동까지 병행한다면? 기억 기능의 속도 또한 증가할 것이다. 암기 기술은 두뇌를 위한 소프트웨어가 되겠지만, 소프트웨어가 제대로 돌아가려면 하드웨어인 몸 또한 건강한 상태로 유지되어야 한다.

내 인생에서 운동은 단순히 골프채를 휘두르는 것을 의미하지는 않는다. 나는 매주 골프 코스에서 수 마일을 걷고 매일 개를 데리고 산책을 나가지만, 기억력 대회를 위해 훈련할 때는 달린다. 단시간 동안의 달리기는 뇌와 근육이 충분한 산소를 확보할 수 있게 호흡을 조절하며, 기분을 좋게 만들어주는 호르몬엔도르핀을 분비해 긴장을 풀고 긍정적인 상태를 유지할 수 있게 도와준다. 한 연구에 따르면 장기적으로 볼 때 약간 숨을 차게 하는 정도의 유산소 운동은 뇌세포에 영양분을 공급하는 데 도움을 준다고 한다. 게다가 2010년 케임브리지 대학에서 실시한 생쥐에 관한 연구는 달리기가 새로운 뇌세포의 형성을 촉진하고, 뇌 크기를 증가시킬 수 있다는 결론을 내렸다. 특히 기억력 및 학습과 관련된 해마 영역에서 그런 현상이 두드러지게 나타났다.

기억력 대회를 위해 훈련할 때, 나는 가볍고 에너지 가득한 아침 식사작은 죽 한 그릇 정도를 하고 일주일에 서너 차례 30분 정도 달린다. 나는 항상 몸 상태를 체크하기 위해 달리기 시간을 잰다. 그에 따라 나는 더 빨리 달릴수록 더 건강해진다는 사실을 알게 되었다전반적인 훈련 일지의 예시가 이 AMAZING MEMORY 마지막에 나온다.

독일 기억력 챔피언이자 세계 기억력 챔피언십 우승자인 군터 카르스텐은 뇌 훈련 시스템의 일환으로 신체 훈련을 대단히 중요하게 생각한다. 그는 "내 준비의 70퍼센트는 기억력 훈련이고, 나머지 30퍼센트는 신체 단련을 위한 운동이다"라고 말했다. 이 암기의 대가는 신체와 뇌의 건강을 유지하기 위해 자전거를 타고 테니스와 축구를 하며, 윗몸일으키기, 턱걸이, 역기 운동을 하고 트랙을 달린다.

물론 그걸 전부 할 필요는 없지만 기억력을 최상의 컨디션으로 유지하기 위해 자신에게 적합한 운동 방식을 찾고, 그것을 일상의 규칙으로 만드는 것은 좋은 생각이다. 일주일에 두세 번, 약간 숨이 찰 정도로 심장박동을 빠르게 해주는 20~30분간의 운동은 훌륭한 시작점이 될 수 있다. 운동량을 더 늘릴 수 있다면, 당신은 자신의 뇌의 놀라운 능력을 포함해 더 많은 혜택을 누릴 수 있을 것이다.

♥♣♠♦

뇌가 원하는 것은, 진정

스트레스를 받을 때 머리가 어떤 느낌인지 떠올려보라. 당신이 나와 같다면 광기에 빠진 듯 명확한 판단을 내릴 수 없는 상태일 것이다. 그 기분으로 기억력 대회에 출전한다면 어떨까? 그러한 일은 결코 일어나서는 안 된다! 스트레스가 뇌 기능특히 기억력에 미치는 영향에 대한 충분한 과학적인 설명도 존재한다. 스트레스 호르몬, 특히 코르티솔'히드로코르티손'으로도 알려져 있다은 새로운 뇌세포의 성장을 억제한다. 기억과 관련된 해마 영역은 새로운 세포를 키울 수 있는 몇 안 되는 뇌 영역으로, 스트레스를 받으면 암기하고 기억하는 능력에 직접적인 영향을 미친다.

나에겐 몸에 대한 스트레스 영향을 줄이는 몇 가지 방법이 있다. 가장 중요한 첫 번째 방법은 서두에 이야기한 규칙적인 연습이다. 더불어 신체 활동은 스트레스 호르몬의 생성을 감소시키는 동시에 기분이 좋아지게 하는 엔도르핀을 분비함으로써, 머리를 맑게 유지시켜주고 최고 수준의 자신감을 유지하는 만족감을 제공한다. 나는 내 삶을 통해, 또 부족한 자신감으로는 성공으로 가는 길이 멀고 험할 수 있다는 사실을 깨달았다. 그리고 참가자들의 수준이 높아진 현재의 기억력 챔피언십은 1위와 2위의 격차가 순전히 그날의 느낌과 컨디션에 좌우될 정도에 이르렀다.

다소 간접적이긴 하지만 나는 여행법으로도 편안하게 휴식을 취할 수 있다. 뇌를 완전히 관여시켜, 스트레스를 유발하는 시끄러운 내면의 소리에서 벗어나도록 도와주는 모든 활동은 진정의 상태를 이끌어내는 데 효과적이다. 나의 경우 여행법으로 카드를 암기하는 몇 번의 여정이 그런 활동에 해당한다. 마지막으로 내가 좋아하는 긴장 해소용 방법 중 하나는 음악이다. 나는 피아노를 연주하고, 집에 설치한 미니 스튜디오에서 직접 작곡과 녹음을 한다.

♥♣♠♦

뇌가 원하는 것은, 좋은 음식

당신이 먹는 음식은 신경세포에 필요한 필수영양소를 뇌에 공급해 뇌가 효과적으로 작용할 수 있게 해준다. 핵심적인 두뇌 영양소로는 오메가-3와 오메가-6 지방산이른바 필수지방산으로, 음식 외에 다른 공급원이 없다뿐만 아니라, 우리 몸이 신경전달물질인 아세틸콜린을 생성하는 데 도움을 주는 비타민 B 복합체, 콜린, 비타민 C가 있다. 연구에 따르면 알츠하이머병 환자들에게서는 종종 아세틸콜린을 생성하는 부위가 손상되어 있는 것이 관찰된다. 이를 통해, 우리는 아세틸콜린이 기억의 효율성과 밀접한 관련이 있음을 추측할 수 있다.

연어, 참치, 고등어 같은 기름기 많은 생선과 대부분의 견과류는 다량의 오메가-3를 제공해주며, 달걀, 가금류, 아보카도, 아마씨 및 호박씨는 오메가-6 지방산을 공급해주는 최고의 원천이다. 나는 기름기 많은 생선을 일주일에 두세 번종종 점심으로 샐러드를 곁들여 먹기도 한다은 먹으려고 노력하며건강에 좋지 않은 유형의 지방산은 동기부여를 방해하고 지능을 낮춘다고 알려져 있다, 간식으로는 포화지방산이 많은 초콜릿이나 포테이토칩 대신 견과류와 씨앗류를 먹는다. 기름기 많은 생선과 달걀은 아세틸콜린 공급의 좋은 원천이기도 하다. 다른 좋은 공급원으로는 콜리플라워, 아몬드, 콩이 있다.

비타민 B 복합체특히 B1, B5, B12는 기억력을 포함해 전반적인 뇌 기능을 향상시킨다. 비타민 B 복합체가 부족하면 기분이 가라앉고 불안과 우울증이 생길 수 있다. 다양한 과일과 채소를 풍부하게 함유한 식단은 참치, 칠면조, 브라질너트, 그리고 병아리콩 같은 콩류가 그러하듯 우리에게 필요한 비타민 B 복합체를 제공한다. 물론 나처럼 비타민 B 복합제를 복용하는 방법을 택할 수도 있다.

과일과 채소 또한 건강한 식단에서 중요한 역할을 한다. 우리의 몸이 에너지를 공급하기 위해 대사 작용을 할 때면 음식물은 산화되는데, 이는 신체의 세포를 분해해 노화와 심각한 질병암과 같은을 유발하고 뇌세포를 파괴하는 부산물인 활성산소를 생산한다. 그러나 활성산소는 항산화 물질이 풍부한 식품, 특히 비타민 A, C, E나는 기억을 돕기 위해 하트 '에이스'를 생각한다 및 아연과 셀레늄 같은 미네랄에 의해 중화된다. 블랙베리, 블루베리, 브로콜리, 자두, 말린 자두, 건포도, 라즈베리, 시금치, 딸기는 모두 훌륭한 산화 방지제의 공급원이다.

♥♣♠♦

신경세포를 위한 허브

나는 뇌의 순환을 개선할 수 있다고 알려진 은행잎 추출물 징코빌로바의 열렬한 팬이다. 징코빌로바는 혈관을 확장해 혈액이 몸의 순환계를 자유롭게 흐르게 하고 혈액을 탁하게 만드는 화학물질을 억제해 혈류를 개선한다. 두뇌로 가는 혈액의 흐름이 개선되면 더 많은 산소와 필수영양소가 운반되어 뇌가 더 효과적으로 영양을 공급받게 된다. 더불어 이 추출물은 강력한 항산화 물질이기 때문에, 몸의 세포를 파괴하고 노화를 유발하는 활성산소를 비활성화하는 데 도움이 된다. 나는 구할 수 있는 최상 품질의 추출물을 구입하는데, 대부분의 일상 용품들과 마찬가지로 시중에서 쉽게 구할 수 있다.

♥ ♣ ♠ ♦

뇌가 원하는 것은, 절제

흥을 깨는 것을 좋아하는 사람은 없지만, 두뇌 기능을 유지하려면 절제가 필요하다. 예를 들어 술은 뇌에 있어 최대의 적이다. 정기적인 과도한 음주는 해마의 기능을 저해하는데, 이는 기억력이 술로 인해 고통받고 있음을 의미한다. 나는 기억력 대회를 위해 훈련하지 않을 때는 레드와인이나 두 종류의 소비뇽 블랑을 즐긴다. 하지만 훈련 기간 중에는, 다시 말해 대회가 있기 적어도 2개월 전부터는 완전히 금주한다.

♥ ♣ ♠ ♦

뇌가 원하는 것은, 할 일

젊은 사람이든 나이 든 사람이든, 뇌 기능을 최상으로 유지하기 위해서는 자극이 필요하다. 우리 부모님은 항상 나의 탐구심과 호기심을 기르기 위한 장난감을 사주었다. 부모님은 단순히 내 마음을 즐겁게 하기보다는 내가 가진 특성들을 개발할 수 있는 활동들을 제공하기 위해 노력했다. 조립식 장난감, 레고, 퍼즐, 착색 펜, 색점토, 어린이용 화학 실험 세트 그리고아마도 별로 놀랍지 않을 카드놀이 세트를 가지고 시간 가는 줄 모르고 노는 일 역시 허락해주었다.

여섯 살 무렵, 어머니에게 상점 진열장에서 발견한 화려한 태엽 장난감을 사줄 수 있느냐고 물어본 기억이 난다. 어머니는 그것을 사주지 않았지만 이유를 신중하게 설명해주었다. 어머니는 그 장난감을 두고 '태엽을 감으면 조금 달리다가 멈출 뿐인 물건'이라고 말했다. 그게 다였다. 그러면서 어머니는 내가 조금 갖고 놀다 지루해할 거라고 했다. 그 말은 옳았다. 나는 내 관심을 끌었던 장난감들을 가지고 훨씬 잘 놀았는데, 그 장난감들이 머리를 써서 무언가를 하도록 유도했기 때문이다.

어른이 된 나는 뇌를 조화롭게 유지할 수 있는 '기억력 게임'이라는 굉장한 직업을 갖게 되었다. 무엇보다 나는 경쟁자들보다 앞서 나가기 위해 계속해서 노력할 것이며, 이는 저 태엽 장난감과는 달리 마음의 기민함을 유지하기 위해 기억력 기술과 연습을 결코 멈추지 않으리라는 것을 의미한다.

시장에는 수십 종의 두뇌 훈련 게임이 나와 있다. 하지만 게임용 콘솔을 사용할 때의 학습 능력 향상이 일상생활에서도 이어진다는 확실한 증거는 없다즉 콘솔은 게임 능력만 향상시키는 것처럼 보인다. 두뇌에 완벽한 훈련을 제공하는 도구는 오직 하나, 바로 카드 한 벌이다. 당신의 두뇌를 완벽하게 훈련하고 싶다면? 내가 가르쳐준 기술들을 사용해 카드를 암기하는 법을 배우고 꾸준히 연습하면 된다. 매 연습 때마다, 기억력뿐 아니라 뇌의 전체적인 기능을 향상시킬 수 있는 신경 경로가 강화될 것이다.

조금 부진한 듯 느껴지거나 마음에 짙은 안개가 드리운 것 같은 기분이 들 때면, 나는 카드 한 벌을 집어 들고 그것을 암기하고 또 회상하는 시간을 기록한다. 나는 내 머릿속 모터가 제대로 점화되는지 확인할 수 있는 확고한 지표를 갖고 있다. 만일 회상 속도가 조금 느려지거나 실수를 한다면, 나의 정신적인 예리함이 지나치게 무뎌지는 것을 막기 위해 다시 훈련 과정으로 돌아간다잠시 후 나오는 나의 훈련 일지를 보라.

♥♣♠♦

뇌가 원하는 것은, 수면

수면은 기억의 적절한 기능을 위해 필수적이다. 2010년 《네이처》에 실린 기사에 따르면, 수면 중인 뇌는 전날의 학습을 통합한다고 한다. 시카고 대학에서 실시된 또 다른 연구에서는, 수면 중인 뇌가 기억을 서로 연결하고, 학습에 필요한 신경 경로를 수립하고 강화한다는 사실이 밝혀졌다. 이 연구는 뇌가 일상생활에서 놓쳤을지 모르는 생각과 기억, 학습 요소들을 수면을 통해 포착할 수 있음을 보여준다. 낮 동안 기억해내려 애썼던 무언가가 밤사이 문득 기억나고 하는 일이 그의 좋은 예시다. 가장 편안한 상태에 있는 뇌는,

잃어버렸다고 생각한 기억들이 다시금 표면으로 떠오를 수 있도록 길을 마련한다.

♥♣♠♦

내 인생의 일주일

매일 운동을 하고 있기 때문에, 지금의 나의 기억력은 이보다 더 좋을 수 없을 정도로 최상의 상태다. 그뿐 아니라 나는 신체 건강 역시 돌보고 있다. 다음은 내가 기억 훈련을 하는 한 주를 요약한 것이다.

일요일

오전 : 뇌파 및 우뇌와 좌뇌의 균형을 측정하기 위한 뇌파 검사. 달리기 3.2킬로미터.

오후 : 400자리 숫자로 구성된 5분짜리 연습 2회.

월요일

오전 : 뇌의 전기적 활동을 조절하기 위한 시청각 자극 기계 20분 사용. 뇌파 검사.

오후 : 섞은 카드로 시간 제한 암기 10회.

화요일

오전 : 달리기 3.2킬로미터.

오후 : 15분 안에 가능한 한 많은 단어 암기(임의로 선별한 단어).

수요일

오전 : 골프 라운드. 한 시간 숫자 암기(60분 만에 약 2,400자리를 목표로 실시).

오후 : 잠재적인 새로운 여행을 모색하기 위해, 공원이나 흥미로운 산책로를 찾아다님. 비디오카메라로 가능한 경로를 촬영하고 나중에 필요할 경우 여행용으로 검토.

목요일

오전 : 달리기 3.2킬로미터.

오후 : 인터넷이나 잡지, 신문에 나오는 얼굴들을 사용해 이름과 얼굴 암기 연습.

금요일

오전 : 이진수 연습 30분, 카드 10벌 빠르게 암기.

오후 : 훈련 검토. 훈련의 진도를 확인하기 위해 일주일간의 시간을 돌이켜보며 확인.

토요일

오전 : 달리기 3.2킬로미터.

오후 : 추상적 이미지 암기 15분, 가상의 날짜와 사건 암기 5분.

나는 매일 아침 특정한 기억 훈련을 하고 시리얼이나 아침 식사용 죽을 먹는다. 점심과 저녁은 가볍고 건강한 식단, 채소나 샐러드를 곁들인 구운 생선이나 가금류와 약간의 과일을 먹는다. 나는 포테이토칩과 케이크 같은 포화지방은 가능한 한 멀리하려고 노력하며, 일주일에 한 번은 카레를 먹는다. 물론 술은 절제하거나 완전히 피한다.

AMAZING MEMORY 08

내게 일어난 일들, 앞으로 당신에게 일어날 일들

내가 당신에게 가르쳐준 모든 기술과 훈련법은 정기적으로 수행되어야 하며, 어느 정도는 노력을 쏟아야만 좋은 성과를 낼 수 있다. 기억 훈련은 단지 기억력 하나뿐만 아니라 그보다 훨씬 많은 것을 우리에게 제공한다. 나는 내 기억력을 한계까지 밀어붙이려 시도하던 과정의 부산물로 이 사실을 발견했다. 여러 차례 세계 기억력 챔피언이 된 것은 엄청난 일이지만, 사실 그것은 기억력 훈련이 내 삶을 변화시킨 '부가적인 기능' 덕분에 가능한 일이었다. 다음은 높은 수준의 기억력을 쟁취함으로써 당신에게 일어날 수 있는 놀라운 일들이다.

♥♣♠♦

유동성지능의 향상

20세기 심리학자 레이먼드 커텔은 인간의 지능을 크게 두 가지 범주로 나눌 수 있다고 주장했다. 결정성 지능과 유동성 지능이 그것이다. '결정성 지능'은 우리가 학습에 대해 설정한 정보, 즉 의도적으로 습득하려고 했던 지식에서 비롯된다. 반면 '유동성 지능'은 더 무형적이며 직감, 추론 및 논리에서 파생된 지능이다. 유동성 지능을 개발할수록, 빠르게 추론하고, 추상적으로 생각하며, 창조적이고 상상력을 활용하는 방식으로 문제를 해결할 수 있다.

이 둘의 차이점을 살펴볼 수 있는 좋은 방법은, 바로 아이가 새로운 것을 배울 때 일어나는 일에 대해 생각해보는 것이다. 아이가 프랑스어로 10까지 세는 법을 배우면, 그것은 결정성 지능의 새로운 한 부분을 제공한다. 이 새로운 학습에도 불구하고, 학습과 구별되는 아이의 타고난 유동성 지능은 변하지 않은 채 유지된다.

우리는 다양한 인지 과제에서 유동성 지능을 사용한다. 이는 직업 및 교육과 관련된 성공에 있어서, 특히 복잡한 문제를 해결할 필요가 있을 때 매우 중요하다. 유동성 지능은 정신 측정 테스트에서 패턴을 순서대로 인식하는 것에 대한 반응을 추적함으로써 측정된다. 테스트를 자주 수행하다보면 패턴에 익숙해질 수도 있지만, 연습은 유동성 지능을 향상시키는 데 큰 영향을 미치지는 못한다. 그리고 이것이 유동성 지능 향상과 관련해 기억력 훈련이 특별한 이유다.

단기작업 기억을 훈련하는 작업과 유동성 지능으로의 접근은 둘 다 뇌의 동일한 영역을 사용하는 것이기 때문에, 기억력 훈련은 유동성 지능에 커다란 영향을 줄 수 있다. 더 많이 훈련할수록, 논리와 추리력을 발휘할 수 있는 능력이 향상되고 직감은 더욱 심화된다.

이는 당신이 나이가 들수록 기억력이 감소한다는 일반적인 믿음에 대해 염려하는 경우라면 특히 좋은 소식일 것이다이미 내가 당신의 두려움을 경감시켜주었다면 더 바랄 것이 없겠지만. 정기적으로 기억력을 훈련하면, 수년이 지나더라도 유동성 지능을 젊게 유지할 수 있다.

♥ ♣ ♠ ♦

더 높은 집중력

세계 기억력 챔피언십에서 가장 어려운 종목 중 하나는 초당 한 자리씩 불러주는 소리를 듣고 100자리의 숫자를 암기하는 것이다. 심판은 각 숫자를 단 한 번만 읽어주기 때문에, 단 1초라도 집중력을 잃으면 해당 종목을 놓친다. 나는 이 책의 초반에서 학창 시절의 내가 한 번에 몇 분씩 집중하는 일에서조차 거의 희망이 없었다고 언급했다. 하지만 기억력 챔피언십에서 이 종목을 대비한 나의 기억력 훈련은, 한 번에 몇 시간씩 집중하는 일도 가능하게 해주었다.

그 기술은 어느 곳에서나 활용 가능한 것이었기 때문에, 나는 강의에 집중하거나 누군가 내게 말하는 내용을 경청하는 수준을 넘어 훨씬 오랜 시간 집중할 수 있었다. 그리고 내 의지에 따라 집중을 해제하거나 다시 되돌릴 수도 있었다. 쇼핑 목록을 암기하거나 차를 세운 자리를 암기하는 것과 같은 일상의 사소한 방식으로 기억력을 훈련하는 일 또한 집중력을 높이는 데 도움이 된다. 당신이 원하기만 하면, 그것은 빛을 발하게 될 것이다.

나처럼 당신 또한 주의력결핍장애나 다른 주의력 문제로 고통받은 적이 있다면, 나의 암기 기술은 당신이 몰입 상태에 들어가는 법을 배우고 집중력을 활성화하는 데그리고 원한다면, 마음대로 비활성화하는 데 확실한 도움이 될 것이다. 더불어 당신이 곧잘 집중할 수 있는 사람이었다면, 나의 기술은 당신의 천부적인 재능이 더욱 향상되고 연마될 수 있게 도움을 줄 것이다.

인생을 위한 기술 습득

이 책을 통해 당신이 수행한 모든 작업이 영원히 당신과 함께할 것이라고 말할 수 있어서 정말 기쁘다. 당신이 암기에 대한 업적을 달성하기 위해 기억력을 훈련해왔다면, 이미 자신이 습득한 기술을 평생 잃어버리지 않을 수준까지 달성한 것이다.

물론 그 길을 견고하게 확립하기 위해서는 연습이 필요할 것이다. 지금까지 그 누구도 책 한 권을 읽고 그에 관한 전문가가 된 경우는 없었다. 당신이 어떤 분야에서든 챔피언이 되기를 원한다면, 그것을 갈망해야 하고, 끊임없이 노력해야 하며, 적어도 하루에 몇 시간 정도는 훈련을 버텨낼 준비가 되어 있어야 한다.

이미 말했듯이 기억력 훈련의 가장 좋은 점은 매일의 일상생활에서 훈련을 위한 상황을 발견할 수 있다는 것이다. 물론 자전거 타기를 배울 때처럼, 잠시 연습을 게을리 하면 다음에 시도할 때 조금 불안정할 수는 있다. 하지만 이전에 쌓아두었던 기본 기술이 항상 당신과 함께할 것이다.

몇 년 동안 기억력 스포츠에 참가하지 않았을 때, 정보 기억 속도가 약간 느려졌다는 것을 느낄 수 있었다. 그러나 여전히 기억력 기술을 선보일 수 있다. 약간의 훈련만으로도 내 기억력은 경기에 참가할 수 있는 수준으로 돌아오고, 대회에서 우승할 수 있는 수준으로 회복된다. 그러니 잠시 동안 연습을 하지 못했다 하더라도, 그 탓에 발생한 차이가 지나치게 커질 거라고 염려할 필요는 없다. 지금까지 당신이 해낸 모든 일은 여전히 당신과 함께하고 있다. 나는 당신이 할 수 있는 한 자주 그런 성과를 더해가기를 바란다. 암기에 대한 새로운 성취를 이룰 때마다, 스스로 획득한 기술을 바탕으로 한 것임을 자신하면서 말이다.

AMAZING MEMORY 09

마지막 수업
: 당신의 기억력은 얼마나 좋아졌을까?

나는 지금까지 당신에게 여러 기법을 알려주었고 당신은 쇼핑 목록, 해야 할 일 목록, 다이어리, PIN, 그 외 일상생활에서 기억력을 활용할 수 있는 나름의 작업들을 함으로써 그것을 실천해왔다. 또 이러한 기억력 훈련과 더불어, 뇌가 뛰어난 성과를 올리도록 뇌에 필요한 많은 연습들도 병행해왔다. 이제는 기억력에 대한 몇 가지 추가적인 테스트를 통해 실력을 측정해볼 시간이다. 처음 두 가지 테스트는 이 책의 서두에서 해본 '내 기억력의 기준치 파악하기' 테스트와 매우 유사하다. 당신이 나의 기술을 실질적으로 활용해보기 전에 실력이 어느 정도 향상되었는지 확인하는 것이다.

격려의 말과 더불어 이미 배운 내용에 대한 확신을 심어주기 위해 몇 마디 덧붙이자면, 학생들10~17세에게 연결법을 가르친 후, 그들의 단어 암기 점수가 즉시 향상된 것을 확인할 수 있었다. 숫자 모양 시스템을 배우고 난 후에는, 숫자 기억에 대해 작게나마 그들의 실력 향상을 확인할 수 있었다. 이후 도미니크 시스템과 여행법의 사용 방법을 설명해주자 학생들의 기억력은 극적으로 향상되었으며, 그들은 대략 15분 만에 80개 이상의 숫자를 외우는 경지에 이르렀다. 더욱 놀라운 것은, 그들 중 상당수가 단 2주간의 훈련만으로 그 점수를 달성했다는 점이다.

다음의 테스트들은 지금까지 배운 기술들을 얼마나 잘 적용하고 있는지를 보여주는 지표일 뿐이다. 나의 목적은 당신에게 긴 숫자들을 암기하도록 가르치는 것이 아니라, 강력한 기억력을 개발하기 위해 살아가며 언제든 적용해볼 수 있는 방법들을 전수하는 것이다. 나의 학생들은 그것이 바로 자신들이 하는 일이라고 말해주었으며, 그 덕분에 나는 효과를 확신했다.

당신이 지금까지 내가 제안한 대로 훈련을 통해 각각의 기술들에 자신감을 얻었다면, 나의 학생들처럼 크게 향상된 점수를 받을 수 있을 것이다. 더불어 나는 당신이 자신의 능력을 최대한 발휘할 수 있는 연습을 제공해주고 싶다. 그래서 측정 테스트 다음에, 세계 기억력 챔피언십의 경기와 매우 유사한 세 가지 유형의 연습을 추가로 제시해놓았다. 해당 연습들이 어렵다고 낙심해서는 안 된다.

그 문제들은 경기용이므로 어려운 것이 당연하다. 나는 당신이 약간의 연습과 훈련만으로 스스로도 놀랄 만큼 충분히 잘해낼 수 있을 것이라 생각한다.

♥♣ MEMORY TRAINING
♠♦ 15

기준선 다시 그리기

테스트 1 : 3분 단어 암기

자신에게 가장 적합한 전략을 사용해 다음의 단어 목록을 차례대로 암기해보자왼쪽 열부터 세로로 읽는다. 첫 훈련 때처럼 시계를 볼 필요가 없게 타이머를 설정한다. 암기 시간은 3분이며 회상에는 원하는 만큼 시간을 써도 된다. 단어를 회상하면서 단어를 종이에 적은 다음, 원래 목록으로 돌아가서 결과를 확인해본다. 올바른 순서로 쓴 단어 하나당 1점이고, 순서가 잘못된 단어에는 1점을 감점한다. 두 단어의 순서가 바뀌었다면 2점 감점이지만, 그다음에 올바른 단어가 온다면 점수는 다시 시작된다. 시간 안에 15개의 항목을 암기할 수 있었다면, 당신의 점수는 15점이다즉 암기하지 못한 단어에 대해 점수를 감점하지는 않는다.

비스킷	두개골	다이어리
보물	휠체어	턱수염
냉장고	사다리	교사
사냥개	드레스	닻
플루트	꽃	쇄골
니켈	아기	파일
샌드위치	잔디깎기	채찍
티스푼	표적	만화
지도책	이글루	피
스키	양파	나방

결과가 어떤가? 15점 이상이면 훌륭한 점수다. 20점대라면 자신이 달성한 일을 자랑스럽게 생각해야 한다. 15점 미만일 경우 너무 낙심할 것 없다. 당신의 연상은 아직 충분히 강하지 못하며, 마음속 깊이 공감할 수 있는 강력한 연결 고리를 만들기 위해서는 지속적인 연습이 필요하다. 일상생활에서 암기 기술을 연습할 방법들을 더 찾아보자228p 참조.

테스트 2 : 3분 숫자 암기

자신에게 가장 적합한 방법을 사용해 다음 30개의 숫자를 3분 안에 기억해보자. 순서는 왼쪽에서 오른쪽으로 읽어 나간다. 올바른 위치에 정확한 숫자를 기억해내면 1점, 잘못된 위치로 기억한 경우 1점 감점이다이번에도 두 숫자의 순서가 바뀐 경우 2점을 감점한다.

4	2	1	6	6	3	0	0	7	1
9	5	8	0	4	5	5	9	2	7
3	8	1	1	2	9	3	4	5	7

당신의 점수는 'MEMORY TRAINING 01'의 동일 테스트 때와 비교해 어떻게 달라졌는가? 15점 이상을 획득했다면 숫자 목록을 기억할 수 있는 항목들로 바꾸는 법을 확실히 알게 된 것이다. 모든 숫자를 정확히 맞힐 때까지 반복해서 진행한다. 다시 말하지만 기대했던 만큼 점수를 내지 못했다면 참을성을 가지고 연습에 임하자. 완벽함은 연습에서 기인하는 법이다.

MEMORY TRAINING 15-1

고급 기억 테스트

테스트 1 : 5분 단어 암기

가능한 한 많은 단어를 순서에 맞게 왼쪽 열부터 아래로 읽는다 외워보자. 당신에게는 5분이 주어지고, 회상 시간은 원하는 만큼 사용할 수 있다. 올바른 위치로 회상한 각각의 단어마다 1점씩을 매긴다. 한 열에 오류가 하나 있으면 10점을 감점하고, 두 개 이상의 오류가 있을 경우 해당 열 모두를 잃게 된다. 20점이면 우수, 30점 이상은 아주 훌륭한 점수다 영국 오픈 챔피언십에서 최고 점수는 70점이다.

지퍼	청구서	까마귀	치료제	비누
산업	아연	검투사	아코디언	레이저
빗장	농학자	복수자	바위	간헐천
막대	낙타	영지	짐승	항아리
소화기	효모균	징두리	사실	오팔
혜성	황새	가을	작살	장군풀
꽃잎	간이침대	송골매	부풀다	앵무새
등급	균류	인터넷	닥스훈트	잠수함
카트	사과	의사	말벌	치아
껍질	만화	우산	도깨비	아포스트로피
장수말벌	은행	수입	꽃가루	수로
전시	에어로졸	룰렛	먼지	기소하다
스패니얼	수도원	방수포	다이얼	막간
장난감	적도	숫자	비버	햄스터
싹	홈통	지질학자	손수건	여과기
사람	점	양날검	잉카	하수

막대사탕	반짝이	요리학	예시	불도그
독사	실루엣	승강기	가산기	이무깃돌
화살	벽감	절	족제비	나침반
메이저	만다린	딱따구리	이구아나	환각

테스트 2 : 5분 스피드 숫자

5분 안에 가능한 한 많은 숫자를 한 행씩 순서대로 기억해보자. 올바른 위치의 번호에 1점을 매긴다. 행별로 실수 하나에 20개의 숫자를 공제하고, 두 개 이상 실수가 연속되면 전체 행을 지운다. 최대 점수는 440점이다. 20~30점은 우수, 31~40점이면 훌륭한 점수다. 40점 이상은 잠재적인 챔피언이다 세계기록은 405점이다.

3483113958576785277315166472803506193597

8568460535612318285885650443574930160397

0201299684494050297137495382634239925031

0222998511384254462054729406940419746610

9129737504191396978730539092230622799380

9092362528653953465040767859913224218773

2378186451915862371308010060981440558660

7343715881026422753389451783556084214098

7344716588902698251514981078884112931387

2296991035285296954239671060215222257465

1625645367355344758406559777283540735635

테스트 3 : 5분 이진수 암기

5분 동안 한 행씩 이진수를 암기해보자. 정확한 위치의 숫자에 1점을 매긴다 여기서는 최대 750점. 실수 하나당 15개의 숫자를 공제한다. 두 개 이상 실수가 연속되면 30개의 숫자를 지운다. 30~60점은 우수, 60점 이상이면 훌륭한 점수다 세계기록은 870점이다.

1 1 1 0 1 1 1 0 0 1 0 0 1 1 0 0 0 1 0 1 1 0 1 1 1 1 0 1 1 0 1행

1 1 0 1 1 1 0 1 1 1 1 1 1 1 1 1 0 0 1 0 1 0 1 1 1 1 1 0 0 1 2행

0 1 0 1 1 0 1 0 0 1 1 1 0 0 1 0 0 1 0 0 0 1 1 0 0 0 1 1 0 0 3행

0 0 0 0 1 0 1 1 1 0 0 0 0 1 0 1 0 0 0 1 0 0 1 0 1 1 1 1 0 1 4행

0 1 1 1 0 1 1 1 1 1 0 1 0 0 0 1 0 1 0 1 1 1 1 0 1 0 0 0 1 1 5행

1 1 1 0 0 1 0 1 0 0 0 0 1 0 0 1 0 0 0 1 1 0 0 1 0 1 0 1 1 1 6행

1 1 1 1 1 1 1 1 1 1 1 1 0 0 0 0 1 0 1 1 0 1 1 1 1 1 0 0 0 0 7행

1 0 1 0 0 1 1 0 0 1 1 1 0 1 0 1 1 0 0 0 1 1 1 1 1 0 0 0 1 0 8행

0 1 1 0 0 1 0 1 0 1 0 0 0 1 1 1 0 0 0 1 1 0 1 0 0 0 1 0 1 1 9행

1 0 1 1 0 0 1 1 1 1 0 0 0 0 1 0 1 1 0 0 0 1 0 1 0 0 0 0 1 0 10행

1 0 0 1 1 1 0 0 0 0 0 1 1 1 0 0 1 1 0 0 1 1 1 1 1 0 1 0 1 0 11행

1 1 0 0 1 0 1 0 1 1 0 0 1 0 1 0 1 1 0 1 0 1 1 0 0 0 0 1 1 0 12행

1 0 1 0 1 1 0 0 1 0 0 1 0 0 0 1 1 0 1 1 0 0 0 1 1 1 1 1 0 0 13행

0 1 0 1 0 0 0 1 1 0 1 1 1 1 1 0 1 1 1 1 0 0 1 1 1 1 1 1 0 0 14행

1 1 1 1 0 1 1 0 0 1 1 0 1 1 0 1 0 0 0 1 1 1 1 1 1 0 1 1 1 1 15행

1 1 1 0 1 0 1 0 0 0 1 0 0 0 0 1 1 0 0 1 1 1 1 0 1 0 1 1 0 0 16행

0 0 0 1 1 1 0 0 0 0 0 1 1 1 0 1 0 0 0 0 0 0 1 1 1 1 1 0 0 0 17행

1 0 0 1 0 1 1 1 1 0 0 0 0 0 1 1 1 0 0 0 0 0 1 1 1 1 1 0 0 1 18행

0 0 0 1 1 0 0 1 0 1 0 1 1 1 0 1 1 0 0 1 1 1 0 0 1 0 1 0 1 1 19행

0 0 0 0 0 1 1 0 0 1 1 0 1 0 0 0 0 0 0 0 0 0 1 0 1 1 1 0 0 1 20행

0 0 0 1 1 1 1 1 1 1 0 1 1 0 0 1 0 0 0 0 0 1 1 0 0 1 1 1 0 1 21행

0 1 0 0 1 0 1 0 0 0 0 0 1 0 1 0 0 1 1 0 1 1 0 0 0 0 1 0 1 1 22행

1 0 0 1 1 0 1 0 0 1 1 0 1 0 0 1 1 1 0 1 1 0 1 1 1 1 0 1 1 0 23행

1 0 1 1 0 1 0 0 0 1 1 0 1 1 0 0 1 0 0 0 1 0 0 1 1 1 1 1 1 1 24행

0 1 0 0 0 1 0 0 1 0 1 1 1 1 0 1 1 0 0 0 1 0 1 0 1 1 0 1 0 1 25행

EPILOGUE

미래의 기억력 챔피언들에게

나는 내가 완벽한 기억력을 위한 기술을 전수하는 것이 왜 중요하다고 생각하는지, 그리고 왜 당신이 그것을 전수받기를 원하는지에 대한 짧은 메모와 함께 이 책을 마무리하고 싶다. 학교에 다닐 때, 내게 공부하는 법을 알려준 사람은 아무도 없었다. 나는 친구들과 마찬가지로 내가 할 수 있는 최선의 방법으로 지식을 흡수하고 처리한 다음, 시험지 위에 그것을 다시 토해내야 했다. 만약 그 당시 누군가가 내게 암기에 관한 몇 가지 조언을 해줬더라면 훨씬 잘 해내지 않았을까?

오늘날 우리 아이들은 내가 배운 방식과 완전히 다르게 지식을 익힌다. 내가 학교에 다닐 때에는 주로 기계식 학습법이 강조되었다. 그 학습법은 책을 통해 무언가를 외우고 그걸 다시 시험지에 적어야 하는 방식으로 이루어져 있었다. 하지만 이제 우리 아이들은 시험이 아닌 과제와 실습을 통해 자신이 배운 내용을 보여줄 수 있을 것으로 기대된다. 그러나 이러한 변화에도 불구하고 숙련된 암기력은 이해력을 높이기 위한 귀중한 도구로서 계속해서 제 역할을 하고 있다. 학습한 방법과는 관계없이 아이들은 하루 전, 일주일 전, 한 달 전, 1년 전에 배운 정보를 기반으로 하루 일과를 채워 간다. 학교생활에서 기억력은 오늘날에도 여전히 중요하다. 밝고 집중된 마음으로 자신의 잠재력을 발휘하고자 하는 아이들이 가득한 미래를 만들고 싶다면 말이다.

2008년, 나는 영국 학교에 암기 기술을 도입하는 일에 참여했다. 이는 단순히 기억력 기술을 가르치는 것이 아니라, 기억력을 사용하는 '게임'에 학생들이 참여하게 해 어떻게 하면 학습 능력을 향상시킬 수 있는지를 몸소 알게 하는 것이 목적이었다. 학교에서 두 시간에 걸친 프레젠테이션이 진행되었고, 학생들은 거기서 배운 내용을 연습한 뒤 몇 주 후에 열린 교내 대회에 참가했다. 그 방식은 아주 효과적이었다. 학생, 교사, 학부모 모두 우리가 가르치는 기술이 실질적인 학습으로 확대될 수 있을 거라고 말했다. 학생들은 학업 성취도를 높이고 자부심을 함양하며 배우고자 하는 동기를 더 많이 얻게 되리라. 그러한 열정은 우리가 매년 영국의 학생들 만 명 이상이 참가하는 학교 기억력 챔피언십을 설립한 취지이기도 했다.

학생들과 그들의 보호자들그리고 나은, 이 책에 나오는 우리의 기술과 기억 훈련이 선형적인 정보를 처리하는 기능뿐 아니라, 뇌 전체에 관여하고 있다는 평가를 들려주었다. 옳은 말이다. 이 기술은 기계식으로 배우던 과거에 적용했어도 큰 도움이 되지만, 단순히 사실들을 암기하는 것 이상의 많은 것을 제공하기 때문에 오늘날에도 학생들에게 계속해서 도움이 되고 있다. 어린아이든 어른이든 암기 기법을 사용할 때면, 풍부한 상상력이 가미된 다채로운 그림을 사용해 서로 다른 정보들을 연결하게 된다. 그렇게 이 기술은 우리의 마음을 자극하고 기억과 학습이 작동하는 비법을 밝혀준다.

내가 학교에 제안한 방법에 반대하는 의견이 딱 한 번 나온 적이 있었다. 한 교사가 "가르치는 일의 핵심은 무엇인가요? 학습은 기억이 아니라 이해에 관한 것입니다"라고 말한 것이다. 나는 그에게 이해가 기억의 기능을 포함하지 않는다는 것을 알려줄 만한 사례를 들어달라고 요청했다. 하지만 그는 답하지 못했다.

나는 그 교사의 말에 동의하지는 않지만, 그가 동참하기 망설인 마음도 이해한다. 2000자리 숫자, 혹은 순서가 섞인 20장의 카드를 암기하는 일의 핵심은 무엇인가? 다르게 생각해보자. 지금 자신이 하고 있는 일이 원을 그리며 도는 것에 불과함에도 400미터 트랙을 전력 질주하는 일의 핵심은 무엇인가? 11명의 어른들이 한쪽 끝에서 공을 차기 시작해 반대편 골대에 공을 넣으려 하고, 상대편 팀은 그것을 온 힘을 다해 막으려 하는 일의 핵심은?

요컨대 축구, 달리기, 테니스, 아이스하키, 다트, 암기력 대회, 기타 당신이 언급할 수 있는 모든 대회는 똑같은 핵심을 갖고 있다. 목표까지 나아가면서 많은 단계를 성공적으로 학습하고, 무언가를 잘하는 법을 배우고, 실패를 받아들이는 법도 배우고 성공할 때까지 노력하며, 자신이 성취한 일을 자랑스러워하는 또 패배했어도 품위를 지켜내는 법을 배우고, 스스로에 대한 긍정적인 마음 또한 배우는 것이다.

몇 년 전, 낮은 성취도를 보이는 학생들에게 수업을 해달라는 요청을 받았다. 나는 학생들과 세 시간을 함께 보내면서 기억법을 직접 보여주었고, 그들 스스로 암기 기법을 수행할 수 있었다. 그것은 내가 처음으로 10대 학생들을 지도한 경험이었다. 집으로 가는 길에 나는 그 수업이 진정 가치 있는 연습이었는지 궁금해졌다. 내가 아이들에게 영감을 주었을까, 아니면 그냥 흥미로운 주의 환기용 시간이었을 뿐일까? 아이들은 평상시의 모습으로 돌아갔을까, 아니면 방금 배운 것이 학습을 성취 가능한 것으로 바꿀 수 있는 기술이라는 귀중한 교훈을 얻었을까?

5년 후, 런던에서 영국 오픈 기억력 챔피언십의 운영을 도와주고 있을 때 한 남자가 어깨를 두드리며 말을 걸었다.

"오브라이언 씨, 당신은 저를 기억하지 못하겠지만, 몇 년 전 학생이었던 저는 당신의 기억력 기술 훈련에 참여한 적이 있습니다."

그는 바로 그 첫 번째 10대들의 그룹에 있던 학생이었다. 그는 내가 그때 자신에게 내 책 한 권을 주었다고도 했다. 비록 차분한 마음으로 책을 펼쳐 들기까지는 시간이 좀 걸렸지만, 일단 읽기 시작하자 그날 배운 모든 내용이 완벽하게 이해되었다고 했다. 그는 그 기술들을 사용해 공부했고 지금은 대학에 다닌다고 했다. 내가 대회장에는 무슨 일로 왔는지 물었을 때, 그는 약간은 자부심에 찬 목소리로 자신도 대회 참가자라고 했다. 그해 그는 8위에 올랐고, 다음해에는 세계 챔피언인 벤 프리드모어에게 져서 은메달을 받았다.

만약 기술을 공유하는 일에 의심이 든 적이 있다면, 나는 이 사례를 떠올리며 내가 하는 일에 대한 확신을 얻었을 것이다. 설령 오직 한 명의 학생에게만 효과가 있었다 할지라도 말이다. 나는 내가 익힌 기술을 가르치고 공유한 모든 시간이 가치 있고 보람된 일이라 여긴다.

야외 스포츠가 육체적인 운동이라면, 52장의 카드를 학습하는 일그 자체로는 쓸모없는 일일지 모르지만은 정신적인 운동이다. 그것은 당신에게 자신의 상상력이 가진 무한한 능력에 대한 반박할 수 없는 증거를 제공한다. 어린아이 혹은 우리 중 누구라도 기억력 훈련을 연습할 때면 창조적인 사고를 펼치게 된다. 가능하다고 생각했던 경계를 넘나들고 우리 뇌의 믿기 힘든 진정한 잠재력이 드러나기 시작할 때, 우리는 자신감이 급격히 높아지는 경험을 할 수 있다.

특히 아이들이 기억력의 힘을 발견하는 경우, 아이는 학습 과정의 핵심에 도달하고 지식을 흡수하는 일이 재미있고 보람차다는 사실을 이해하게 된다. 엄마, 아빠, 선생님들이 잔소리하지 않더라도 말이다. 또한 작업 기억을 훈련하는 것이 유동성 지능을 높인다는 증거가 늘어남에 따라, 당신은 암기 기술을 가르치는 것이 정말로 쉬운 일이라고 말할 수도 있을 것이다.

나는 당신이 나와 함께 당신의 여행을 즐기기를 바란다. 이 책을 쓰면서 나는 기억력 게임과 함께한 내 자신의 역사를 다시 경험할 수 있었다. 당신도 부디 기억력을 훈련함으로써 완벽한 기억을 얻고, 지금보다 훨씬 많은 것을 볼 수 있는 방법을 스스로 확인하기를 바란다.

그리고 다음에 나오는 나의 연표를 보고 영감을 얻기를 기대한다. 누가 알겠는가? 우리는 미래의 기억력 챔피언십 대회장에서 만나게 될지도 모른다. 우리가 해낼 수 있기를 희망하며!

부록

나의 기억력 위업 연표

1987년	기억력 훈련 시작. 첫 번째 카드 한 벌, 26분 만에 암기
1989년	세계기록 : 카드 여섯 벌
1989년 6월 11일	세계기록 : 카드 25벌
1990년 7월 22일	세계기록 : 카드 35벌
1991년 10월 26일	세계 기억력 챔피언첫 번째
1993년 8월 8일	세계 기억력 챔피언두 번째
1993년 11월 26일	세계기록 : 카드 40벌
1994년	브레인트러스트 재단의 '올해의 두뇌왕' 선정
1994년 3월 25일	세계기록 : 스피드 카드, 43.59초 만에 한 벌 암기
1995년	리히텐슈타인의 필리프 왕자로부터 '기억력 그랜드마스터상' 수상
1995년 4월 21일	'제1회 매치플레이 챔피언십' 우승
1995년 8월 6일	세계 기억력 챔피언십세 번째
1996년	세계기록 : 스피드 카드, 38.29초 만에 한 벌 암기
1996년 8월 4일	세계 기억력 챔피언네 번째
1997년 8월 23일	세계 기억력 챔피언다섯 번째
1999년 8월 27일	세계 기억력 챔피언여섯 번째
2000년 8월 22일	세계 기억력 챔피언일곱 번째
2001년	세계기록 : 동시에 카드 두 벌 암기

2001년 8월 26일	세계 기억력 챔피언여덟 번째
2002년 5월 1일	세계기록 : 카드 54벌
2005년	세계 기억력 챔피언십 협회로부터 전 세계 기억력 증진에 대한 '평생공로상' 수상
2008년	학교 기억력 챔피언십 공동 창립자 겸 수석 조정관으로 임명
2010년	세계 기억력 스포츠 위원회 회장으로 선출

나만 알고 싶은 완벽한 기억법

초판 1쇄 인쇄 2021년 9월 23일
초판 1쇄 발행 2021년 9월 30일

지은이 도미니크 오브라이언
옮긴이 김성준

펴낸이 박세현
펴낸곳 팬덤북스

기획 편집 윤수진 김상희
디자인 이새봄
마케팅 전창열

주소 (우)14557 경기도 부천시 부천로 198번길 18, 202동 1104호
전화 070-8821-4312 | **팩스** 02-6008-4318
이메일 fandombooks@naver.com
블로그 http://blog.naver.com/fandombooks

출판등록 2009년 7월 9일(제2018-000046호)

ISBN 979-11-6169-180-0 03320